TURING 图灵新知　　Discover

没有**难管**的孩子,
只有**不会沟通**的家长

[日] 天野光 —— 著　　隋晓静　马奈 —— 译

人民邮电出版社

北　京

图书在版编目（CIP）数据

没有难管的孩子，只有不会沟通的家长 / (日) 天野
光著；隋晓静，马奈译. -- 北京：人民邮电出版社，
2024.6
（图灵新知）
ISBN 978-7-115-64256-1

Ⅰ.①没… Ⅱ.①天… ②隋… ③马… Ⅲ.①家庭教
育—通俗读物 Ⅳ.①G78-49

中国国家版本馆CIP数据核字(2024)第078114号

内 容 提 要

本书是一本专为家长打造的家教指南，通过生动有趣的漫画形式，直观展现了正确与不当的育儿方式。它不仅能帮助家长在轻松阅读中掌握与孩子沟通的艺术，而且展现了深刻的育儿智慧。全书分为四章，分别从站在孩子的立场沟通、让孩子学会独立思考、肯定并培养孩子的能力，以及消除育儿焦虑四个角度出发，提供有效的亲子沟通策略和育儿指导。通过通俗易懂的语言和切实可行的话术建议，本书旨在助力家长在日常育儿中培养出自我肯定感强、能够独立思考、拥有自主性的孩子。

本书适合所有家长阅读，特别是那些渴望改善亲子关系、减轻育儿焦虑、创建和谐家庭氛围的父母阅读。

◆ 著　　　　[日] 天野光
　译　　　　隋晓静　马　奈
　责任编辑　魏勇俊
　责任印制　胡　南

◆ 人民邮电出版社出版发行　北京市丰台区成寿寺路11号
　邮编　100164　电子邮件　315@ptpress.com.cn
　网址　https://www.ptpress.com.cn
　北京宝隆世纪印刷有限公司印刷

◆ 开本：787×1092　1/32
　印张：9.375　　　　　　　2024年6月第1版
　字数：128千字　　　　　　2024年6月北京第1次印刷
　著作权合同登记号　图字：01-2024-0297号

定价：69.80元
读者服务热线：(010)84084456-6009　印装质量热线：(010)81055316
反盗版热线：(010)81055315
广告经营许可证：京东市监广登字20170147号

你认为正确的话语实际上在否定孩子

各位宝妈宝爸，现在问你们三个问题。

问题 1：面对早上赖床的孩子，你会怎么说？是"早上好""今天的天气真棒啊"，还是"赶快起床""要迟到啦"？

问题 2：孩子正在画一朵花，你会说什么？是"画画真开心啊""花瓣真漂亮"，还是"这样画更好""和实物不太一样"？

问题 3：面对不做某事的孩子，你会如何沟通？是"等到了 8 点我们做 ×× 事吧"，还是"你为什么不做呢"？

在上述问题中，添加了阴影效果的文字当然是更好的回答。但是因为大多数家长热切期望孩子可以自己起床、可以画出精美的图画，或能够做到 ×× 事，所以他们常常使用其他不起效果的说法。

然而孩子能够正确理解家长的话吗？家长的话语背后的真实意图可以有效传达吗？

▶从超过 5 万人的亲子沟通的烦恼中学到的事

言归正传，我是亲子沟通顾问天野光，曾经是一名电视台主持人。不过主持节目不是我的主要任务，对我来说，如何让嘉宾轻松愉快地讲话才是最重要的。不仅如此，我还要面对形形色色的嘉宾：从职业的角度，有演员、运动员等；从年龄的角度，上至老年人，下至小孩子。我时常思索，采取怎样的说话方式才能使立场各异的人们愿意说出自己内心的想法。现在我与人交流时，这方面的经验发挥了显著的作用。

在生下女儿、初为人母之后，我得到一个机会，成为了 NHK（日本广播协会）节目《即刻育儿》的解说员。在节目中，我跟随不同领域的专家学习了与儿童成长和发展相关的科学知识，比如脑科学、发展心理学、语言习得规律、睡眠机制等。我渐渐懂得，如果家长站在孩子的立场去观察，就会发现许多以前不理解的事。家长认为的孩子的"白费功夫行为"或"迷之操作"实际上都有其背后的含义。在与孩子交流时，家长需要从孩子的视角来看待孩子眼中的世界。这是一个关键点，其中的奥妙令我沉思。

我不禁产生一种使命感："我必须把这些告诉更多的家长！"于是，我与朋友一起创立了NPO（非营利组织）法人亲子沟通研究室。现在，我创立了提升亲子沟通能力的原创性课程，并在日本各地开设讲座、巡回演讲。迄今为止，前来听课的爸爸妈妈、爷爷奶奶、教师，以及孩子已经超过 5.6 万人。

▶ 家长无法向孩子准确地表达意思

在讲座过程中，我也像本书开头那样提问在场的父母，请他们写出对孩子说过的话，结果全都是"早点起床""别迟到啦""应该这样做""和实物不太一样""你怎么不干呀"之类的表达方式。

毫无疑问，家长这样说其实都是为了孩子，但是孩子听了之后是怎样的感受呢？"如果做不到早起，那我是不是没用？""可是我想按照自己的方式来试一试呀。""我正在专心干别的事情呢。"父母觉得恰当的话语，对孩子却产生了相反的效果。当家长意识到这一点时，无不惊讶错愕。这种反应很正常，因为父母本想教孩子做正确的事，帮助子女度过幸福的一生，然而他们的教导在孩子眼中竟变成了否定之词，实在令人惋惜。

▶ 转换视角：从"指示"到"认同"

在讲座中，家长们了解到上述亲子沟通中的"鸿沟"后，颇受震撼，甚至有人当场热泪盈眶——他们意识到自己每天都执着于指示孩子做某事，却没能让孩子明白自己的本意。

"我必须教给他正确的做法"，为此，太多的爸爸妈妈感到"压力山大"。为了避免好心办坏事，父母需要转换视角，否则无法让孩子理解父母的本意。

转换视角并不是一种让孩子听家长话的技巧，而是让家长从"要求孩子听从我"的表达方式向"认可孩子的想法"的沟通方式转变。换句话说，家长应改变自己的价值观，不要指示孩子应该做什么，而应不加指摘地认同每一个孩子的个性特点，唯有如此才能培养孩子的自我肯定感。

如果家长实现了这一转变，孩子就会产生自我肯定感，并对自己的想法负起责任，同时还能提升思维能力。久而久之，孩子便拥有了自信，这有助于培养自律的意识，使他们学会思考并付诸实践。这些不正是家长梦寐以求的吗？

家长坚信的某些正确做法或许已是过去时了。价值观正随着时代变化，而眼前的孩子将会告诉我们什么是真正正确的。

二十年来，我常常忙于为家长们答疑解惑，倾听他们的烦恼，有时也与家长一起发愁。我还经常与专家深入探讨相关的问题。我笃信，从孩子的角度出发、不加指摘地认同孩子的这种沟通方式是自我肯定感的基础，能够促使孩子成长为一个自律的人。

本书选取了咨询工作中的大量案例，涉及大多数家长都遇到过的烦心事。这些案例按不同的主题进行了汇总和整理，重点解读了家长与孩子的视角之间的差异。为了使阐述更加生动，本书以漫画的形式描绘了一个家庭的成员（爸爸、妈妈、小米、小聪）之间的对话，并以对比的方式展示了错误（NG）和正确（OK）的亲子沟通方式。

NG 指的是家长基于以往的价值观说出的话语。OK 指的是家长从孩子的角度出发说出的话语，它们也是本书的立场。不过，各位家长没有必要为曾经说过错误的话语而感到自责。

家长朋友们，如果你发愁为什么无法和孩子有效沟通，担心孩子学不会独立自主，请不要焦虑。这既不是育儿方式的问题，也不是孩子本身的问题，只不过是沟通方式不恰当而已。

借助不加指摘地认可孩子的沟通方式，家长可以让孩子明白自己的真正想法，从而享受无与伦比的育儿乐趣。

新育儿经：自我肯定感 = 生存能力

接下来我们继续谈一谈自我肯定感。

我认为，在教育过程中，最重要的就是培养孩子的自我肯定感。或许有人会说："自我肯定感之类的口号早就听腻了。"其实很多人对此存在误解，那么真正的自我肯定感指的是什么呢？

自我肯定感来自一颗强大的心，它能让孩子觉得"我就是我，我一定没问题""爸爸妈妈很爱我，对他们来说我是必不可少的""我喜欢我自己"。

也有人怀疑："自我肯定感强的人会不会过于自信？"事实并非如此。自我肯定感是一种认同原原本本的自我的心理状态，所谓"原原本本"当然包括了自身的短处。因此，假如不承认自己的缺点，就有可能自视甚高，自信心"爆棚"。

一旦形成了自我肯定感，孩子就拥有了以下三种至关重要的生存能力。

① 挑战并学习新事物的能力；

② 努力拼搏和冲破阻碍的能力；

③ 理解和体谅他人感受的能力。

▶ 扩大孩子的"容器"，实现有效沟通

在演讲中，我常常把培养自我肯定感比喻为"扩大容器"。如果孩子必须掌握的知识、信息、社会规则等是"水"，那么盛水的容器需要尽量地大、结实、有韧性。而家长的责任正是扩大这个"容器"（培养自我肯定感）。

但是，有的家长认为孩子"这个不行""那个不能做"，还一个劲儿地往尚未成型的"容器"中灌注知识、信息、规则、道德的"水"。孩子的"容器"还小，水满则溢，大人却丝毫没有察觉，继续灌"水"。"水"溢出来再灌进去，反复如此，这会使大人和孩子都精疲力竭。

"水"越是灌不进去，家长就越烦躁。之所以"说了多少次，你怎么还不明白"会脱口而出，大抵是因为这种情况。

孩子自己也会寻找、汲取、灌注各种各样的"水"，并发挥"水"的力量。因此，家长的职责不是注"水"，而是扩大"容器"。

与世界上其他国家的儿童相比，日本儿童的自我肯定感长期处于极低水平。[①] 五成以上的日本孩子表示"对自己没信心""觉得自己没用""不喜欢现在的自己"，这是多么令人痛惜啊。

妈妈仔细找出小聪用心制作的部分并予以认可

① 参阅日本内阁府颁布的《儿童与青年白皮书（2019 年版）》。

家长都希望提升孩子的自我肯定感，这就对家长的说话方式提出了更高的要求。日复一日，在爸爸妈妈一言一语的鼓励下，孩子的"容器"将会迅速扩大容量。

培养自我肯定感的话语其实就是认可孩子本真状态的话语。当自己的优点乃至缺点被完全认同时，孩子会感到"做我自己就好了""爸爸妈妈很爱我""我一定能行"，自我肯定感就会逐步提高。

"快看我、快看我""来陪我玩啊""我、我……"，缺乏自我肯定感的孩子常常渴望被认可，或对自己的想法没有自信，容易受到别人影响，甚至依赖他人，这着实令人惋惜。

在孩子的成长过程中，要想让孩子远离这种困扰，家长需要从孩子小的时候就开始注意使用培育自我肯定感的话语。起步阶段或许很艰难，但趁孩子还小，"水"是易于储存的，且效率较高，不会浪费。

为了让孩子在学校、职场、社会中自律、自立、自强，请家长们好好练习认可孩子的沟通方式吧！

▶ "认可缺点"意味着什么

行文至此，想必大家都明白了以下三点。

- 培育自我肯定感的重要性；

- 方法是注重每天的一言一语；

- 关键在于认可。

在演讲和讲座中，家长们对上述几点表示无比赞同。然而当我说"也要认可孩子的缺点"时，大家不约而同地脸色大变，一系列新的问题冒了出来。"我理解认可优点的原因，但是为什么要认可缺点呢？""认可也属于一种表扬吧？""假如孩子犯了错误，要怎样认可他呢？""一味地认可只会让孩子变得任性放肆吧？""搞不懂到底什么是认可了"……

认可缺点意味着认可孩子的判断。从第 1 章开始我将详细说明这一点。帮助家长理解认可的内涵也是本书的要义所在。

认可孩子的判断不是允许、承认，也不是默认、同意，那么它是什么呢？通过反复探寻认可的概念，我们眼中的世界也会发生变化。如果家长从自己的狭窄视角转向孩子的视角，那么世界也会随之宽广起来。

认可孩子的过程可以促进家长自身的成长。家长能够意识到自己的偏见，转变价值观，并学会站在对方的立场看待事物，呈现出一个崭新的自我。

亲子沟通不仅仅局限于家长和孩子的对话，它是所有人际关系的基础。从第1章开始，我将结合更加具体的场景进行说明。让我们共同探索一种非表扬、非斥责、认可孩子的沟通方式吧！

序　言

第2章 如何在沟通中让孩子学会独立思考 / 75

第 1 章

如何从孩子的角度沟通

家长磨破了嘴皮子，孩子也不听话，或是躁动不安……但是，家长眼中的孩子的"白费功夫行为"或"迷之操作"实际上都有其背后的含义。本章将介绍从孩子的角度出发了解他们的内心世界的沟通方式。

这时应该
怎么办？

家长的沟通方式是否影响孩子的自我肯定感

▶ 抛开家长眼中的"理所当然"

越来越多的家长向我咨询："我想培养孩子的自我肯定感，应该怎样做才好呢？"

有的父母笃定，他们需要留出专门的时间来培养孩子的自我肯定感，但其实没有必要。

在与孩子的日常交流中，只要运用认可式话语即可。

为了更加形象地解释"认可式话语"，我们把家长希望教给孩子的知识比作"水"，把孩子的自我肯定感比作"容器"。首先，我们来看一组不当做法的漫画（第3页），漫画中的对话屡见不鲜。

母亲想要孩子懂得"收拾东西"，而父亲试图让孩子

明白"换衣服"，二者都是家长希望孩子能够做到的事情，这些并没有错。

但是，我们也站在孩子的角度考虑一下。

现在，孩子正在玩耍，尝试着把积木垒得更高。在微妙的平衡感和手指触觉的指引下，孩子正在全神贯注地垒积木。

此时，父母一个劲儿地向"容器"里灌注收拾东西的"水"和换衣服的"水"。然而"容器"（自我肯定感）还很小，水满则溢，无法注入；孩子听不进去家长的话，因此情绪焦躁。

在注水之前，把"容器"扩大，这才是父母应该做的。家长不加指摘地认可孩子正在做的事情，"容器"的容量才能持续增加。

究其原因，孩子并不想按照他人的指令，而是找到了自己想做的事情，正在开动脑筋，为完成这件事而不断努力。只有家长认可了这一过程，孩子才能逐渐产生"原原本本做自己就好"的自我肯定感。

　　这正是父母所期望的能够伴随孩子一生的力量。假如父母自己都放弃了，岂不是太可惜了吗？

　　父母需要做的不是讲道理，而是首先关注孩子正在做的事情，对其表示认可，培养他们的自我肯定感。下面我们来看一组展示正确做法的漫画（第 6 页）。

　　孩子看似只是在玩耍，但也是在挑战自己（把积木垒得越来越高）。父母注意到了这一点并表示认可，"容器"因此而扩大。

▶孩子在认可中变聪慧

　　在自己得到认可后，孩子也能够认同家长（对方）希望自己做的事（收拾东西）。换句话说，"水"（知识、道理等）得以大量进入打造的"容器"（自我肯定感）中。这个顺序至关重要。

　　"认可"意味着不做出"这个好"或"这个不好"的评价，而是原原本本地接受孩子自身的判断。孩子由此体会到，自己得到了无条件的认可和爱，自我肯定感就会

逐步形成。

有的家长担心，一味地认可会让孩子善恶不分。但是，由于自己的想法被认可，孩子能够学会思考自身行为是否妥当，也能学会理解他人的立场，并开始自己拿主意，不再被别人左右或依赖别人。

当然，家长不会像漫画里那样试一次就熟练了。只有家长保持耐心，循序渐进，反复运用认可孩子的说话方式，孩子才更有可能成长为聪慧的人、有"大容量"的人。哪怕最初的"容器"很小，家长的言语激励也能使其变得无限大。

各位家长，从今天起，改变自己的说话方式，为提升孩子的自我肯定感而努力吧！

要点

让孩子遵循所谓的正确做法之前，先认可他们，以此培养他们的自我肯定感。

NG | 还要说多少遍你才明白？！

OK | 真棒！（看到孩子正在做的事并对其表示认可。）

这时应该怎么办？ 当孩子不想做某事时，应该顺着他吗

▶ 孩子说"我不想干"时的真实想法

"我家孩子不愿意尝试新事物。前两天去公园，远远看见他的小伙伴在一处游乐设施上玩耍，我轻轻地对他说'你也去试试吧''去玩一下吧'，他却说'我不去'。"家长经常向我咨询类似的问题。那么面对不想做某事的孩子，我们应该如何对他表示认可呢？

"不想做的话，不做也行。"请思考一下，这是真正的认可吗？我们先来看一组不当做法的漫画（第 10 页）。

爸爸妈妈不停地鼓励小米去玩，小米却说："我不想玩。"家长想到了认可的重要性，于是回应："这样啊，原来你不想玩呀。"然而孩子听了之后多多少少心里都有些

不舒服——之所以如此，是因为"原来你不想玩呀"并没有认同孩子的真正想法。

这到底是怎么回事呢？

▶ "我不想干"涵盖多种多样的想法

实际上，当孩子说"我不想干"时，他们的想法是多种多样的。只有从孩子的视角出发，仔细分析"我不想干"背后的含义，才能明白孩子的真实想法。

我们来看一组正确做法的漫画（第 12 页），观察爸爸妈妈如何引导小米说出自己的真正心情。

"我现在不想玩，但是我想等妈妈玩过再去玩。""我不想自己玩，想和爸爸一起玩。""我怕弄脏喜爱的衣服，所以不想玩。""我想去玩，但是不想当着那么多人的面玩。""我就想玩一下，不想一直玩。"看到了吗？孩子的一句"我不想玩"可能有各式各样的理由。

不过孩子的词汇量还很少，无法准确表达自己的心情，各种想法都只能归结为一句"我不想干"。

家长关注的重点不应是孩子做不做某事，而是孩子对此事的真正想法，不要被"我不想干"之类的话语迷惑。

▶ 用语言表达孩子的心情

家长不必让孩子从想做某事和不想做某事之中二选一，他们的任务是把孩子的每一种心情用语言明确表达出来。

这样做的好处有两点：一是能够理解孩子到底在想什么，并通过认可孩子的想法，培养孩子的自我肯定感；二是可以找出引导孩子尝试新事物的适当方法。

此外，如果家长与孩子反复进行这一过程，孩子的表达能力就会逐渐提高，学会用语言描述以前说不清楚的想法。跺脚哭闹、推搡小伙伴等行为，其实都是孩子无法用语言准确表达自己想法的外在体现。

如果家长帮助孩子把所思所想转换为语言，孩子就能慢慢地领悟如何与人对话。

要点 家长和孩子一起，把"我不想干"背后隐藏的真正想法用语言表达出来。

NG 行吧，不想做就不做吧！

OK 这样啊，那妈妈（爸爸）和你一起试试怎么样？

孩子一直玩游戏，如何不训斥就能让他停下来

这时应该怎么办？

▶ 游戏真的只有消极影响吗

越来越多的父母向我"吐槽"，孩子一会儿想打游戏，一会儿想看短视频，把自己烦得不得了。

家长好声好气地劝孩子别打游戏了，孩子却毫不理会，最终把家长惹火了，孩子也产生了自我厌恶。有的孩子甚至说："别管我，我将来要当职业玩家，要当视频博主！"孩子的反应搞得家长不知所措。

我们先来看一组不当做法的漫画（第 16 页）。

这幅漫画说明，强制孩子停止打游戏对孩子的成长并没有好处，家长首先要做的是，对孩子正在做的事情产生兴趣。

不少家长坚称"我们家就不让小孩儿打游戏"，实际上并没有科学的证据证明游戏本身会拉低孩子的成绩。与此相反，研究表明擅长打游戏的孩子更有可能在多方面具备较强的能力——对于人生道路还很长的孩子来说，这些或许是必要的技能。

不过，家长不能长时间地把带娃的担子甩给游戏或短视频。如果大人为了保证自己的时间安排而放任孩子，很可能会丧失培养孩子的沟通能力和社会性的良机。

后面的一组漫画（第 18 页）展示了家长对孩子正在做的事情感兴趣并由此与孩子进行互动的正确做法。

▶ 打游戏也需要被认可

对于自己正在做的事（打游戏、看视频、学习、训练等），假如能够得到爸爸妈妈的认可，孩子会非常高兴。相比之下，如果家长之前对自己不管不顾，却突然要求自己停止做某事，孩子会感到难过，觉得自己被否定了。

要想培养孩子的自我肯定感，即便家长再怎么不喜欢

孩子做的事（比如打游戏），也要让自己提起兴趣，然后对其有益之处表示认可——这里所说的认可不是默认孩子继续打游戏，而是仔细观察孩子的注意力、反应速度等方面，并明确说出孩子在这些方面的优点。

当孩子正玩得兴起时，假如家长强迫他停下来，孩子的需求就得不到满足，便会一直嚷嚷着"我想玩游戏""我想打通关"。此时，家长应保持相当的耐性，鼓励孩子"打通关"，以此促进孩子养成善始善终的习惯。

▶ 让孩子主动停止打游戏的方法

对于孩子来说，只有自己得到认可后，他才会对别人（父母）说的话产生认同。在正确做法的漫画中，爸爸询问孩子能否帮忙制作曲奇饼干，以此引导孩子停止打游戏。

家长应尽量找出比打游戏更能吸引孩子的事，邀请孩子共同参与。举个例子，假如孩子对音乐感兴趣，那就与孩子一起用空盒子或空罐子制作乐器，辨认敲击时的不同音调；如果孩子喜欢小动物，那就养一只，与孩子一起照顾它；假如孩子爱看动画片，那就帮助他拍摄一段影像，全家一起欣赏。

在初期阶段，家长的共同参与不可或缺。随着孩子对新事物（选项）越来越着迷，他会逐渐进步，自己一人就能做得很好。当孩子觉得自己从旁观者变成了主动参与者，他就会发现这件事比打游戏更有趣。做到这一点关键在于家长要和孩子一起去看、去听、去感受、去欣赏孩子喜欢的事。

由于存在丰富多彩的选项，孩子需要思考哪些事更有意思、自己到底想做什么、现在应该做什么。与此同时，他们的思维能力也得到了锻炼。久而久之，孩子可以培养自制力，顺利摆脱游戏的诱惑。

要点

通过"认可"而非"禁止"来培养孩子的思考能力（自制力）。

NG | 你就知道打游戏，小心变傻！

OK | 干得漂亮！通关之后咱们一起做 XX 吧！

这时应该
怎么办？

家长希望孩子停止做某事时还需要认可孩子吗

▶ 把握认可的尺度

读到这里，相信家长们都完全理解了认可孩子对培养自我肯定感的重要性。不过仍有不少家长向我咨询不同场景下如何恰当地表示认可的问题。

例如，一位家长很苦恼，对我说："儿子玩耍的时候扔积木，我觉得危险，想制止他，但考虑到培养自我肯定感，是不是应该不管他，让他扔就行呢？"

面对这种情况，你会怎么办呢？为了避免危险，马上制止孩子，还是为了培养自我肯定感，仅仅在一旁密切关注？这的确不容易选择。其实，家长不需要做"制止"还是"放任"的选择题，还有另外一种方法可以尝试。

我们先通过漫画（第23页）了解一下不当做法。

▶ 不要忽略孩子兴奋的一瞬间

在前页的漫画中，爸爸对是否要制止孩子犹豫了一下，但还是选择和他一起扔积木。然而周围其他人的目光如芒在背，令爸爸感到无地自容。

对于让孩子快乐、着迷的事情，家长的认可和共同参与非常重要。当孩子看到家长也沉浸其中时，孩子的注意力将更加集中。如此说来，陪着孩子一起扔积木也未尝不可吧？

要想让孩子拥有幸福的人生，家长需要在扩大"容器"的基础上，教给孩子社会规则。从这个角度看，是否应该制止孩子呢？

不，家长不必在"放任"和"制止"中做选择，请看后面的漫画（第 25 页）中呈现的第三种方式。

爸爸有两点做得很恰当：一是认同扔东西的乐趣；二是把"不能扔积木"的规则教给孩子。

总而言之，问题的关键在于对什么表示认可。

认可扔积木当然是不对的。万一砸到别的小朋友，他们会受伤。而且积木是公用物品，不能故意损坏。

但是，在孩子对扔东西产生兴趣的一瞬间，家长的认可式话语必不可少。家长首先要做的不是制止孩子，而应对他表示认同，比如可以说"扔得真远！"。假如一开始脱口而出"小心！""哎呀，别扔……"之类的否定性话语，孩子就会执着于扔积木。因此，第一句话的作用不容小觑。

接下来，为了让孩子充分享受扔东西的快乐，家长需要告诉孩子积木不是用来扔的，并把积木换成皮球，让孩子尽情投掷。

与制止和放任相比，我们应找到更加合适的方式。在漫画中，皮球替代积木是转移孩子注意力的关键一招。在认可孩子的同时，家长还要教给他们社会规则。

要点

家长要思考"对什么表示认可",而不是简单地禁止或下指令。

NG ┃ 扔吧,没事!

OK ┃ 扔得真远!不过扔积木有点危险,咱们扔皮球吧。

孩子活泼好动不听话，家长应如何促进孩子成长

这时应该怎么办？

▶ 家长容易忽视的细节

带着小朋友乘坐公交、地铁、飞机时，父母会感到紧张，因为孩子安安静静的时间只有最初的五分钟，之后便要不停地告诫孩子这个不行、那个不可以。实际上，孩子保持安静的前五分钟是一段"黄金时间"。

我们先来看一组不当做法的漫画（第 29 页）。

妈妈会考虑周围其他人的感受，但是小孩子能否老老实实地坐着呢？对于喜欢躺着哭闹的小宝宝来说，能够学会坐，支撑起身体，自己坐在座位上，这就是一种成长，然而一动不动、始终安静地坐着，就连成年人都难以做到。

==我认为问题出在家长的认识上——孩子学会了做某事，但家长认为那是理所当然的。==换句话说，漫画中的妈妈把孩子乖乖地坐着当成了一件理所应当的事，没有对孩子的行为做出反馈。家长应该摒弃这种意识，用语言明确表达"你真棒"。

▶ 日常生活中充满了孩子的闪光点

我们来看一组正确做法的漫画（第 31 页）。

一落座，妈妈就愉快地开始了对话。看着妈妈朝着自己边笑边说，小聪非常开心。听到妈妈夸奖"小聪真厉害呀，能一直安安静静地坐着"，小聪更有动力继续坚持下去了。

家长要创造类似的机会，促进孩子逐步成长。这适用于日常生活中的所有事情，不仅仅局限于乘坐交通工具。不要苛责孩子磨磨蹭蹭地穿衣服、边吃饭边把饭洒到桌子上，或者慢悠悠地走路，他们能够学会自己穿衣、吃饭、走路，已经是了不起的成长了，毕竟几年前他们

什么都不会。

家长的选择将产生不同的效果，是训斥孩子并纠正孩子的错误，还是用明确的话语认可他们做得好的地方呢？实际上，日常生活中蕴藏着无数的促进孩子成长的契机。

▶ 孩子对父母的唯一诉求

孩子很喜欢爸爸妈妈关注自己，所以当父母理睬自己时，他们会试图获取更多的关注。

在不当做法的漫画中，孩子在车上安静地坐着，妈妈却没有搭理孩子。当孩子穿着鞋，想要站在座位上时，妈妈才把注意力放在孩子身上。当孩子又要光着脚在地上跑时，妈妈赶快拦住了他。

妈妈本来并没有打算和孩子互动，但是孩子看到妈妈不理睬自己，认为这就是在回应自己，于是不停地乱动。通过吵别人，自己得到了关注；与父母不理自己相比，这更令孩子高兴。反过来说，父母的毫无反应比斥责更让孩子伤心。

　　我建议，从现在起，家长要用明确的语言对孩子在日常生活中做到的事情表示认可，以此激发孩子想要做得更好的动力。这也是一种增强自我肯定感的方式。

要点

当孩子做到了看似平常的事情时，家长更应该明确地表示认可。

NG | 哎呀，真烦人，不要乱动！

OK | 你真厉害呀，能一直安安静静地坐着！

孩子饭前想吃零食，给还是不给呢

这时应该怎么办？

▶ 不要试图说服孩子

"我已经明白了认可孩子的重要性，不过孩子想吃零食的时候，给还是不给呢？我不知道怎么办才好，毕竟零食没营养。"这也是一个困扰宝爸宝妈的问题。零食吃多了，晚饭就要剩下，家长为此头疼不已。

你们是如何回答孩子的呢？我们先来看一组不当做法的漫画（第 36 页）。

成年人或多或少都懂得一些有关营养的知识，即便如此，仍然有人把零食当饭吃，更不用说对营养一窍不通的小孩子了。

孩子心里只有一个念头——我想吃零食，而且他们自

己无法判断"这个对身体不好，还是不要吃了""吃多了就吃不下饭了，还是算了吧"。**无论是禁止、劝说还是约定，对他们来说都没什么意义。**

在孩子看来，消除现在的饥饿感优先于将来的健康，所以家长要认同的不是吃零食，而是"肚子饿"。

那么认同肚子饿意味着什么呢？我们来看一组正确做法的漫画（第 38 页）。

▶孩子想吃零食的背后

当孩子说想吃东西的时候，**家长往往按照字面意思来理解，但孩子的真实想法更为复杂。**有可能是"肚子饿了"或"求关注"，也有可能是"身体不舒服，想吃点甜的"。小孩子无法用语言准确表达自己的想法，所以有时就用"我想吃点心"这几个字来替代。

因此，"不能吃""只能吃一个"之类的禁止或约定的话语不能够认同并回应孩子的真实想法，对孩子来说没有意义。

<mark>家长要认可的不是吃东西，而是孩子的真实想法。</mark>

- 肚子饿时→把握时机，抢先拿出健康的食品

小孩子很难控制自己的欲望，他们要经过很长一段时间——大概直到上小学时——才能懂得一日三餐、定时吃饭的规矩，所以孩子觉得只要肚子饿了，吃点零食没什么大碍。针对这种情况，家长可以在正餐之间加一些营养均衡的食物作为补充，比如小块的饭团子、烤红薯、奶酪、烤苹果、三明治、葡萄干、蔬菜沙拉等。

- 求关注时→不要一心二用，专心回应孩子

孩子说"想吃饭"，家长可能会说"等一下"；孩子说"想吃点心"，家长可能会大声回应"不行"或"只能吃一个"。得到家长的回应时，孩子会很兴奋；有时他们会故意说想吃点心，以此吸引家长的关注。因此，家长不要一边做其他事情一边应付孩子，而要看着孩子的眼睛，向他确认说："肚子饿了吗?"

- 身体不适时→选择轻食

有时候，孩子身体不舒服，但他们没有明显地表现出

来，这时家长可以把主食替换为水果、酸奶等孩子喜欢的轻食。

成年人身体不适时也有可能更想吃零食，而不是主食。从某种意义上说，这是人类对自己身体敏感的旁证，也是一种自我保护的行为。

无论如何，家长都不要随随便便地把零食给孩子，然后就认为万事大吉了，而应搞清楚孩子期望得到什么，然后给予认可。

要点

不要禁止孩子吃零食，先搞清楚孩子期望得到什么，然后给予认可。

NG 说好了只能吃一块点心！

OK "今天玩疯了，肚子饿了吧？"说完就拿出有营养的零食。

早起很忙，孩子坚持自己穿衣服，家长应该给予照顾吗

这时应该怎么办？

▶ 早晨如何让孩子顺利地穿衣服

早晨起床后，宝爸宝妈开始忙碌，而孩子却不好好穿衣服，真令人头疼。

我们先看一组不当做法的漫画（第43页）。

小孩子还不会麻利地穿衣服，但有时固执地坚持自己穿，有时又撒娇，让家长帮着穿。

家长当然希望孩子学会自己穿衣服，所以在孩子撒娇时有些为难，是加以援手还是锻炼他们的自理能力呢？大多数情况下，家长要么完全包办，要么不管不顾。

孩子认为自己会穿衣服和实际上会穿是两码事，前者比后者更为重要。因此，家长要在不妨碍孩子自己动手的

前提下，进行必要的辅助。

请看一组正确做法的漫画（第 45 页）。

▶ 让孩子觉得自己能行

看过之后，或许你会问："最终不还是得靠家长帮忙吗?"

其实，在孩子是否觉得自己能行这一点上，两幅漫画的效果大相径庭。只有让孩子认为自己能把事情做好，才能培养自我肯定感，今后独立自主地完成更多的事。

有人觉得这样做有点儿麻烦，但是与孩子自己穿不上、家长再帮忙重新穿相比，时间还是节约了不少。整个过程没有人发脾气，大人小孩都轻松。全家人不慌不忙，自信满满地开启新的一天，这比什么都令人开心。

随着年龄增长，孩子已经能够自己穿衣，却撒娇耍赖，让家长帮着穿，这种情况应该怎么办呢? 我建议还是要伸出援手，因为孩子不会无缘无故地撒娇。家长有所回应，孩子才能获得力量，学会自己的事情自己做。

此外，还常常有人问我："孩子自己搭配的衣服很难

看，需要制止吗?”我的回答是认可孩子的想法，不过没有必要违心地夸奖“这身穿搭很好看”，说一句“能自己搭配衣服了，真厉害”就可以了。既然是已经买回家的衣服，想必也不会特别难看。天才的想法总和普通人不一样——我们也可以这样宽慰自己。

当孩子不愿意穿衣服时，家长就要花一番心思了，比如不要只按妈妈的喜好来搭配，和孩子一起挑选他自己喜欢的卡通人物或花纹，选择扣子大且方便系的上衣、两只脚并拢后组成小熊图案的袜子等。总之，我们要让穿衣服变成一件快乐的事。

在上述办法都不奏效的情况下，家长可以试着让孩子给自己的着装提一点建议。

家长:“妈妈的这件开衫上衣配哪条裙子好看呀?”

孩子:“这条!”

家长:“谢谢! 你也一起换衣服吧!”

孩子非常喜欢和家长一起做相同的事，如果能帮上家长的忙，他们会更高兴，更有干劲儿，之后就会马上穿衣服了。

要点　不要包办，也不要不管，应不动声色地加以辅助。

NG｜你看看，穿不上吧！

OK｜（悄悄辅助）你学会穿衣服啦！

这时应该
怎么办？

不会打招呼的孩子一定不善言辞吗

▶ 强迫孩子打招呼没有意义

有的孩子很害羞，不会打招呼；有的孩子小时候明明能说会道，长大了却不爱说话了。这也是困扰许多家长的问题。

我们先看一组不当做法的漫画（第 49 页）。你能找出其中的问题吗？

问题就是家长强迫孩子打招呼。家长耐心地教孩子，但给孩子留下了"我不得不开口"的印象。

不管再怎么教、怎么鼓励、怎么练习，孩子都说不出口，家长很着急，尤其是看到别的小孩敢于大声打招呼时，就更加忧心忡忡了。

然而，强迫孩子打招呼是没有意义的。家长首先要引导孩子产生"我想打招呼"的意愿。为此，家长应认可孩子自然呈现出的状态（例如不爱打招呼），揣测他到底愿不愿意与人交流，并亲自做出示范。

▶ 说"早上好"之前的准备

后面展示了一组正确做法的漫画（第 51 页），你觉得如何？

咦？孩子不是没有说"早上好"吗？问题没有解决啊。

确实，孩子没有说出"早上好"。但是，与说不说相比，孩子是否有意愿与对方交流才是更重要的。

首先，家长一味地要求孩子打招呼，反而有可能破坏孩子酝酿出的与老师交流的情绪。其次，"不好意思啊老师，这孩子连打招呼都不会"之类的话是对孩子的间接批评，一旦孩子由此否定自我，那是多么遗憾啊。再次，家长不要让孩子觉得自己像一个旁观者一样在教育他。打招呼是培养孩子与老师、同学之间的情谊的好时机，家长的

任务是加油打气。

▶ 一招就让孩子学会打招呼

家长的亲自示范是关键一招——看着老师的眼睛，精神饱满地说"老师，早上好"。

家长做到了这一点，孩子一定能学会开口。在担心孩子之前，请家长先检视自身的行为。

我们不要等对方说过"早上好"后再回应，自己率先打招呼就可以了。与其强求孩子，不如改变自身。如果你觉得有点儿困难，那对孩子来说更不容易。

家长做好示范，让孩子听到自己的声音，看到自己的姿态，通过耳濡目染来激发孩子打招呼的意愿。久而久之，孩子就学会了带着真情实感打招呼。

在受到强迫时，孩子打招呼如同念经，越来越不想开口，这是我们不愿意看到的。

打招呼是沟通的基础。各位家长无须焦虑，首先从培养孩子与人对话的意愿着手吧。

要点

不要强迫孩子，培养孩子
与人对话的意愿才能提高
他们的沟通能力。

NG 快说"早上好"呀！

OK （家长精神饱满地说）
早上好！

这时应该怎么办？ 如何与喜欢打人的孩子沟通

▶ 孩子打人的原因

小孩子动手打人或踢人的时候，家长会很担心："这孩子平时挺乖啊……怎么回事？"我们先看一组不当做法的漫画（第 55 页）。

家长反复告诉孩子不可以打人，但孩子并没有停手，家长感到束手无策。

我理解这种心情，不过请注意，<mark>孩子幼年动手打人并不意味着长大后也喜欢使用暴力，</mark>所以不必为此担心。

即便是一母同胞的兄弟姐妹，成长过程也各不相同，因此问题不是出在教育方式上。

不过话说回来，大家都希望孩子尽量别打人。那么我

们应该怎么做呢？请看后面的一组正确做法的漫画（第57页）。

当孩子胡乱踢打时，家长要留意孩子的动作传递出的信息。首先，果断地握住他们的手，防止继续乱打，然后注视他们的双眼，平静地反复问话，引导孩子说出自己的真实想法。

孩子之所以打人，是因为他们有事情想告诉家长，但还不具备用语言准确表达的能力。

- 在幼儿园或学校感到压力；
- 心里不舒服；
- 不知道如何缓解自己的情绪。

孩子不会"开口"，就选择了"动手"。此时，家长可以像漫画中那样替孩子说出想法。经过一段时间，孩子会渐渐懂得要用语言来表达。

家长往往急于教育孩子不能打人，但更重要的是理解孩子到底想表达什么。孩子都盼望父母与自己心有灵犀，

所以家长越是一个劲儿地强调不许打人，孩子越是觉得"爸爸（妈妈）不明白我的感受"，反而适得其反。

尤其当存在第三方时，比如孩子打兄弟姐妹或其他小朋友时，家长会下意识地告诫孩子不可以欺负别人。此时，家长的正确做法也是替孩子说出内心的想法，以此让孩子记住"你想表达什么，就像我这样说出来就可以了"。孩子掌握了语言交流的方式，就不会再"诉诸武力"。

▶ 孩子打人时错误的应对方法

① 家长也动手，让孩子知道疼

"打一下孩子，让他也知道有多疼"——这种想法太荒唐了。"为了让孩子知道对错，可以使用暴力"——使用暴力的做法容易让孩子认为打人是合理的。

② 一直忍耐

遭到孩子拳脚相向时，有的家长选择一直忍耐。这样的家长脾气很好，但不利于孩子成长，因为长期的忍耐会放纵孩子通过打人来舒缓心情或实现某个愿望。

③ 训斥并约定不再打人

单方面的约定没有效果，对孩子的成长没有意义，是无用功。

面对孩子打人的情况，家长需要转变观念。与其强行制止孩子，不如把它当成一个了解孩子内心想法的契机，耐心引导孩子吐露心声。

要点

与其告诫孩子不要打人，不如教会孩子如何用语言来表达内心的想法。

NG | 疼死了！不搭理你了！

OK | （握住孩子的手防止继续打人）你怎么了呀？现在还想再玩一会儿吗？

怎么办？ 这时应该 〉 **如何开口才能避免"尬聊"**

▶ 孩子不想跟你聊天？切莫搞错目的

"跟孩子在一起时，总想跟他聊会儿天，可一问'今天在幼儿园怎么样呀'，孩子就说'没咋样'或者'就那样'，然后就聊不下去了。"

有的父母听到孩子回答"不知道""我忘了"时，就会被气得不轻："怎么可能?!"

实际上，孩子可以通过聊天来梳理自己的思路。亲子对话的确越多越好，不过也需要一些技巧。那么怎样才能和孩子愉快地聊天呢？

我们先看一组不当做法的漫画（第 62 页）。

爸爸想和孩子聊天，可他们专注于眼前的积木，随便

敷衍了一下。家长平时工作忙，没时间陪孩子，所以和孩子在一起的时候，迫切地想把缺失的时间弥补回来，但是没有必要强行东拉西扯。哪怕一言不发，父母和孩子能够聚在一起就很温馨了。

在这个例子中，爸爸的失误在于把聊天当成了目的。聊天只是一种手段，我们要搞清楚真正的目的是什么——通过聊天想了解孩子的什么情况，以及想和孩子一起做什么。

后面展现了一组正确做法的漫画（第 64 页）。

▶ 首先把目光转向孩子

在漫画中，孩子在入迷地玩积木，爸爸自然而然地融入其中，气氛更加热烈了。

爸爸先对孩子表示对他们现在正在做的事情感兴趣，由此切入话题，这是关键的一步。孩子听到爸爸询问自己现在正在做的事（用积木垒圣诞树），心里很高兴，所以乐于回答。接下来，通过延伸话题，爸爸了解了孩子在幼

儿园的情况。

爸爸不是为了聊天而聊天，而是为了知道孩子过得怎么样，所以提出的问题具体明确，孩子的回答也很直爽。

当被问到"在幼儿园过得怎么样"这样的问题时，孩子会很难回答。哪怕突然问一个成年人"今天工作怎么样"，他也会一时间反应不过来。因为孩子不明白家长想要了解什么，所以从某种意义上说，回答"不知道"是正常的反应。

如果聊不下去，那么多半是因为聊天的目的不明确，家长没有搞清楚到底想问孩子什么。在开口之前，请家长先确认自己的目的。

- 想知道孩子现在对什么感兴趣；
- 想知道孩子在幼儿园和老师一起做了什么；
- 想知道孩子希望得到什么样的圣诞礼物；
- 想让孩子说出"我爱爸爸（妈妈）"。

在以上例子中，家长的目的明确，提出的问题会更加具体，对话也就能够顺利进行。

亲子对话的根本目的是培养孩子的自我肯定感。在日常生活中，如果家长每一次都能带着清晰的目的同孩子聊天，孩子就会自然而然地掌握这种交流方式，从而在自己的人生道路上稳步前行，不迷失方向，懂得应该做什么、为什么而做。

要点 搞清楚聊天的目的再开口。

NG 今天在幼儿园怎么样啊?

OK 这么开心呀,你在玩什么呢?

这时应该
怎么办？

性别教育该从何着手

▶ 当小男孩说"我想穿裙子去幼儿园"时

"最近大家经常讨论性别问题，虽说性别教育很重要，可到底应该教给孩子些什么呢？"当年没有性别教育这个概念，所以很多父母为此感到烦恼。

以前的主流观念是"男主外、女主内；爸爸上班，妈妈做家务、带孩子"。但是时代在变化。近年来，人们认为仅凭性别就片面地划分角色是非常荒谬的。

"男生（女生）就应该是这个样子的。"这是家长的主观判断，而性别教育的第一步是要求家长意识到自己的性别偏见。请先看一组不当做法的漫画（第 69 页）。

弟弟是想和姐姐穿同样的裙子，还是对裙子本身感兴趣呢？此时还不能确定，不过毫无疑问的是，他想穿一条裙子。

▶ 孩子需要父母的认可

大约 3 岁至 5 岁时，儿童开始意识到自己的性别。性别包括以下四个要素。

- 身体性别：与生俱来，可以客观判定。
- 心理性别：涉及自己的个人意识。
- 喜欢的性别：涉及在恋爱或感情中感兴趣的对象。
- 展现的性别：涉及服装、化妆、角色等性别特征。

身体性别和心理性别是两码事，如果因为不被周围的人理解，孩子产生了困惑并否定自己，那实在太可惜了。

无论何时，孩子都渴望得到家长的认同。在后面的正确做法的漫画（第 72 页）中，全家人照顾到了小聪的感受，获得认可的小聪也一身轻松。

▶ 不以性别限定角色

柔嫩的粉色不是女孩子的专属，女性飞行员和警察也能展现飒爽英姿，而男人带娃、女人工作也渐渐变成了常态。

理想的社会不应该以性别限定角色，每个人都应活出最真实的自我，按照自己的意愿做自己最擅长的事。

有一位家长对我说："只要是在家里，我不约束孩子，他想怎么打扮都行！"试想一下，假如男孩子说"我想穿裙子去幼儿园（学校）"，家长该怎么办呢？

越来越多的幼儿园接纳这样的孩子，但是小朋友们的反应各不相同，因为年纪相仿的孩子已经有了性别意识，他们开始确认性别——"我是男生。""我是女生。""我是男生还是女生？""她是女生。""他是男生。"

为了避免孩子被他人无心的话语伤害，家长需要和孩子坦率地对话。举个例子，"有很多爱穿裙子的男人在世界舞台上大显身手，现代社会对此更加包容。妈妈觉得你穿裙子也没什么不妥，但是你的小伙伴里或许有人坚信裙子是女生的衣服，如果你穿了，他们会觉得奇怪，可能会嘲笑你，你会怎么办呢?"

诸如此类，家长需要把社会现实一并告诉孩子，引导他明白其中的道理。换句话说，家长的任务不是决定是否可以穿裙子，而是通过对话解释清楚情况，让孩子学会自己思考。这样的经历日积月累，会促使孩子遇到问题就会与父母探讨，对自己形成清晰的认识，不断成长。

家长意识到自己脑海中存在先入为主的偏见，这是有效的亲子沟通的开端。哪怕周围的人不理解自己，只要得到父母的认同，孩子就充满了力量，激发出自我肯定感。为了不让孩子带着疑虑生活，请家长们多与孩子交心吧。

要点 要意识到自己存在先入为主的偏见，并认同孩子最本真的状态。

NG | 男生穿裙子多可笑呀！

OK | 好啊！穿上试试。

第 **2** 章

如何在沟通中让孩子学会
独立思考

　　想让孩子独立思考和行动，家长首先需要不加指摘地肯定孩子。本章将介绍能够让孩子发自内心地觉得"我现在这样就很好"的沟通方式。

孩子不想写作业、不想练习技能时，如何沟通最有效

这时应该怎么办？

▶ "不练琴就不能玩游戏"为什么行不通

经常有家长咨询"怎样才能让孩子自主练习"的问题。有的家长担心如果孩子不能自主地练习技能的话，那么上了小学后家长岂不是要不停地催他们去做作业？

重要的是，从今天开始改变你的沟通方式，趁现在培养孩子，让他们有主动做某事的想法。

首先，我们来看一组不当做法的漫画（第77页）。

家长不命令，孩子就不动，所以家长只好催着孩子"赶快去"。很遗憾，这样一来孩子很可能变得只要大人不说就不做，最终适得其反。

<mark>让孩子自己决定什么时候开始才是重点。</mark>换句话说，

关键在于让孩子能够积极主动地去做。

我们来看一组正确做法的漫画（第 79 页）。

▶ 让孩子自己开始做事的沟通技巧

一直到小学低年级，孩子对时间可能都不会有什么具体感觉，所以对他们来说约定"一个小时之后开始"意义不大。

家长可以先让孩子考虑好事情的先后顺序，比如"玩完再做""吃完零食就去""吃完晚饭后开始"等。

首要一点是要让孩子觉得这是他"自己决定的"。

如果孩子还是恋恋不舍地玩游戏，父母可以通过沟通刺激一下他们的积极性。比如可以询问孩子："游戏玩得怎么样了？妈妈马上要做好晚饭了，你怎么安排？"

需要注意的是，这时家长不要挖苦孩子："是你自己说过打完游戏之后要练琴的吧？"这样说会打消孩子的积极性。

此外，家长还可以尝试让孩子明白如果练得好，就会

有奖励。比如，跟孩子约定练完以后可以吃饼干、看视频等。

有时家长会用"不练习的话就不可以看视频哟"作为交换条件让孩子练琴，这种做法不可取。如果孩子练琴时敷衍了事，家长也无可奈何。说到底，家长原本的目的是培养孩子主动做某事的想法，而不是让他们练习。

有的家长会担心，这样一来，"孩子不就会为了获得奖励才练习吗？"没关系，孩子远比父母想象的聪明得多。慢慢地，孩子就会发现更令他们开心的奖励，就是理解了练习的真正意义。

比如，孩子会懂得练习会带来以下好处。

- 可以获得老师和爸爸妈妈的表扬；

- 不会挨批评；

- 能弹好钢琴（举例），乐在其中；

- 能在演出或比赛中取得成果；

- 能够拥有"只要自己做了就能做到"的自信。

对孩子来说，奖励并不只是饼干和游戏，它还包含更深层的东西。

让孩子逐渐养成思考为什么练习的习惯，才是对孩子的一种褒奖。孩子如果能做到这一点，即便上了小学也不需要家长操心了，因为孩子会自己思考并付诸行动。

要点

不是命令孩子去做（被动），
而是让孩子自己决定去做
的时机（主动）。

NG | 不练习的话就不能
玩游戏！

OK | 你什么时候开始练
习呢？妈妈要开始
XX 了。

让孩子自己想一想，他们就真会思考了吗

怎么办？这时应该

▶ 你的沟通方式是否阻碍了孩子思考

"在我家，我们会让孩子'自己好好想一想'，可是孩子完全不动脑筋。怎样才能培养孩子自主思考的能力呢？"

家长往往会让孩子"自己想一想"。首先，孩子是如何理解这句话的呢？我们来看一组不当做法的漫画（第84页）。

漫画中展现了一种很糟糕的沟通方式。刚开始妈妈是以温和的态度提醒的。

→ 但是，孩子无所行动。

→ 妈妈让孩子想一想现在应该做什么。

→ 孩子依然一动不动。

→ 结果妈妈大发脾气、郁闷至极。

漫画中的妈妈没有直接跟孩子说该做什么，而是不断暗示他们"还有其他事要做吧""马上就要演出了"，试图让孩子自己思考。然而孩子完全不思考妈妈话里的意思，最终导致妈妈训斥孩子，让他们好好想一想。

现在我们来看一下问题出在哪里。

当家长发火，让孩子好好想一想时，孩子在想什么呢？很遗憾，他们想的是"我怎么做才能不让妈妈生气呢"。

家长本来期望孩子能够思考自己应该做什么，但他们想的是怎样才能不惹爸爸妈妈生气，这着实让人觉得难过。

这种沟通方式之所以没效果，是因为妈妈心里已经有了问题的答案（漫画中指的是现在应该马上练琴），进而想把孩子引导到这个答案上来。

家长可以尝试一下把想怎么做的决定权交给孩子的沟通方式。

我们来看一组正确做法的漫画（第 86 页）。

漫画中小米先是回答"搭完城堡就去练"，紧接着她

意识到肚子饿了，想先吃完饭再练。小米通过自己动脑思考给出了答案。

▶ 父母的沟通方式决定孩子能否自主思考

小米能够给出答案有两个原因。

- 对于自己着迷的事物，妈妈也很开心地加入进来；
- 妈妈看准时机（休息的时候）提出了建议（让孩子思考什么时候练琴）。

大人也是如此。当你正专注于某事时，如果其他人突然跟你说什么，你也会觉得烦，心里会想："别打扰我。"

成年人或许还可以用"请问现在方便吗"来进行一下铺垫，但这对孩子没什么作用，这种情况下家长可以改变一下看问题的角度。

家长如果将视角从"孩子练不练琴"转换到"孩子现在正在享受着什么"，那么切入话题的方式就会不同。这样便会引导孩子自己思考。

要点　从孩子的视角出发，找准时机切入话题，在沟通中让孩子自己做决定。

NG｜自己想一想！

OK｜（从孩子的视角出发，找准时机）你打算什么时候练琴？

孩子说别人坏话时，家长该如何应对

怎么办？这时应该

▶ 不能放任孩子说坏话吗

当孩子说别人坏话时该怎么办？这时家长如果对孩子说"说坏话也没关系哟"，既不是肯定孩子的话语，也不能解决问题。这个问题的要点是，家长不要试图指导孩子让他们明白道理，而要认可并培养他们自己理解问题的能力。

首先，我们来看一组不当做法的漫画（第 90 页）。

漫画中的妈妈还没弄明白是怎么一回事，一听孩子说"不要和××做朋友了""不理他了"，便感到很吃惊，并开始劝说孩子。妈妈的话虽然有道理，我们也能够理解妈妈想让孩子明白道理的心情，但是这样做，孩子会怎么想呢？

孩子会伤心地觉得"明明是小 D 的错，跟妈妈说了，她却根本不理解我的心情，以后不说了"。这样一来，孩子很可能会停止自己思考。

相反，如果孩子单纯地觉得"妈妈说得对，明天好好跟小 D 说一下"并真的这样做的话，很可能会惹怒小 D。这就会让孩子搞不明白自己应该怎样做才好。

我们总想着要跟孩子讲道理，并让他们付诸行动。但请家长牢记一点：孩子远比我们想象的聪明得多。

家长可以改变一下沟通策略，试着肯定并相信孩子独立思考的能力。

下面我们来看一组正确做法的漫画（第 92 页）。

漫画中的妈妈看似仅仅是重复了孩子的话，不过接下来孩子发生了什么变化呢？孩子自己找到了解决问题的办法。

这幅漫画故事的原型还有后续。原型中的妈妈说，女儿后来告诉她，三个人已经和好了，她还与妈妈分享了自己也被欺负过的事。

父母给予孩子信任，让他们拥有了独立思考并站在他

人的立场解决问题的能力，这着实让人欣慰。

▶ 孩子说坏话时，家长与孩子沟通的三个要点

① 理解孩子的情绪

虽然家长很想问清楚"发生什么事了、到底是什么秘密"，但首先要理解孩子的情绪（漫画中的情绪是生气）。这里的"理解"并不是默认，而是重复孩子的话语就可以了。

② 父母不要思考如何解决

父母向孩子了解了事情经过后，总会想着应该如何正确解决。但思考的主体应该是孩子，只要不拒绝或打断他们，孩子可以按照自己的节奏表达。通过倾诉，孩子能够控制自身情绪，而用语言表达则有助于他们理顺自己的想法，因此家长要做的就是营造一个易于表达和沟通的氛围。

③ 得到父母的信任，孩子会自己找到解决办法

即便父母不提醒他们，孩子也很清楚什么事情不能

做。就算孩子说了坏话，如果自己最爱的爸爸妈妈不予批评，并带着些许难过的表情接受他们的情绪，孩子也能够恢复冷静、自己思考。比如，漫画中的孩子开始是想着"不要和小 D 做朋友了""不理他了"，但后面就会思考这样做真的好吗，有没有其他的办法。

考虑到孩子的年龄和发育情况，他们有时可能无法自己找到解决办法。这时，家长可以给孩子一些提示，比如，"小 D 这样做或许有什么原因呢"。家长不要操之过急，相信孩子并交给他们自己处理才能培养他们独立解决问题的能力。

在某种意义上，孩子能跟家长说朋友坏话，说明亲子关系非常健康，体现了家长给予了孩子无论什么事都可以跟父母说的安心感。如果孩子在家里不能倾诉，而是在外面说，问题就会更严重。为了避免出现这种情况，家长要引导孩子开口。当然，家长平时也要注意自己的言行，不要总讲别人的坏话。

要点　父母不要考虑解决办法，而要相信并认可孩子，激发他们独立思考的能力。

NG　绝对不能说别人坏话哟！

OK　（理解孩子的情绪）或许有什么原因吧。

怎么办？ 这时应该

太难了！到底该如何表扬

▶ 常见的三种错误的表扬方式

"小的时候还可以夸一夸，最近越来越任性，没法表扬了""不夸他，他就不做""把握不好表扬和教育之间的平衡"，诸如此类的问题反映了很多家长因"如何表扬"而绞尽脑汁。

首先，我们来看一组不当做法的漫画（第97页）。

乍一看，漫画似乎体现了一种理想的沟通方式，但你看出哪里不妥了吗？

① 给孩子施加了无形的压力

你有没有注意到第二幅图里妈妈一边问孩子要做什

么，一边把折纸拿在手里？这实际上是在不经意地引导孩子。

根据家长这种若无其事的举动，孩子就能推测出"如果我说要折纸，妈妈应该会很高兴"。这种举动等同于给孩子施加了无形的压力。这里举的仅是折纸的例子，而家长通过这种方式引导孩子做作业、完成任务，或让孩子帮忙的情况比较多。

当然，推测他人感受的能力很重要。但更重要的是"自问"的能力，即孩子独立思考"我自己想要做什么"的能力。

当孩子自己思考的结论得到了父母的认可，他们的自我肯定感就会得以提升。

② 表扬言听计从的孩子

第二幅图中妈妈说了一句"好主意"，这是需要注意的一个关键点。这句话说明，如果孩子按照父母的意愿做了某件事就会被表扬"很好"，而反过来则意味着"你如果没有这样做就不好"。

在家长不断地用"这样做很好（不这样做就不好）"来表扬（批评）孩子的过程中，孩子会放弃自己想做的事，优先做那些会得到父母表扬的事。长此以往，孩子便逐渐忘记了自己真正想做的是什么，而这才是最令人担忧的。

③ 夸奖孩子"真是天才"

家长们有没有用过"天才"这个词来夸奖过孩子？实际上，我并不建议这样做。

斯坦福大学卡罗尔·德韦克教授的研究结果表明，如果家长夸奖孩子时忽略孩子的努力，片面强调能力和结果，就会让孩子觉得"我是天才，不用努力也可以做到"而放弃努力。这种表扬方式也会使孩子为了维护自己是天才的形象而不愿意接受高难度的挑战，甚至有的孩子会夸大其词、说谎话。

苦于"那到底要怎样表扬才好"的爸爸妈妈们，方法其实很简单。我们来看一组正确做法的漫画（第 100 页）。

▶父母要做的就是不打扰孩子

你有没有发现，正确做法的漫画中，妈妈既没有特意夸奖孩子，也没有控制孩子。

对于想让孩子折纸鹤（作品）的父母来说，看到孩子刺啦刺啦地将折纸撕碎，房间也被搞乱，或许会感到生气，想要阻止孩子。

但如果父母没有阻止，孩子便会感受到自己被认可，进而努力钻研，全身心投入，最终获得成就感。

即便家长没有夸奖他们，孩子也能体会到"自己很棒"的满足感。换句话说，父母对孩子正在做的事情表示认可，能够培养他们的自我肯定感。

父母要做的并不是用夸奖来促使孩子做某事，而是不打扰他们做想做的事，并给予他们语言上的认可。

这里说的"不打扰"不是默许孩子（任由他们喜欢做什么），而是通过"你在用手撕纸呀"等话语，在沟通中认可孩子的努力。

要点　不表扬、不批评，做认可型家长。

NG | 你真是天才！

OK | （认可努力）你在用手撕折纸呀！

想认可孩子想做的事，但他说什么都不睡该怎么办

这时应该怎么办？

▶ 既不发火也不由着孩子的第三种选择

最近有很多家长前来咨询下面的问题。

"原本打算让孩子早点儿睡觉，但因为明白认可孩子的重要性，所以让他继续做自己喜欢做的事。但是，放任不管的话，他就一直玩，结果不得不发脾气让他去睡觉。我们是否该放弃让孩子早睡的念头呢？"

当家长觉得必须给予孩子自由时，他们就不得不舍弃自己的想法；而因此做不成某件事又会令家长感到沮丧和焦虑。

这里，我们探讨另一种做法，既不用生气地强迫孩子做应做之事，也不用优先考虑孩子的喜好而放弃父母希望

他们做的事。

首先，我们来看一组比较常见的不当做法的漫画（第105 页）。

家长为了认可孩子正在专心做的事情就继续让他们玩，但孩子完全没有要睡的意思，最终家长发火了。随后，家长可能又因对孩子发火而感到自责。

▶ 当下的育儿方式截然不同

家长之所以会陷入自责，是因为他们明白睡眠对孩子的重要性，同时也想认可孩子正在做的事，而这正是当今的父母努力学习如何育儿的体现。

放在一二十年前，家长往往会通过训斥孩子"赶快上床"来让孩子睡觉。

因此，当今的家长大多数是被这样的训斥教育过来的。或许你会觉得那还是发火让他们去睡觉比较好。

然而，我希望我们的孩子在未来的生活中有独立思考和自主行动的自律能力以及自我肯定感，而不是对大人的

话言听计从。我们要通过沟通来培养孩子的这类能力。

这就意味着，父母教育孩子的方式要有别于他们自己当年所接受的教育方式。现在正处于育儿观念的转变期，对于当今时代的父母来说，转变育儿观念并不容易。

为了培养能够适应未来社会的孩子，现在是家长主动出击、勇担责任的时候了。

一方面，孩子在专注某件事情的过程中会成长很多，所以家长认可孩子的行为并放手让他们去做非常重要。另一方面，保证孩子有充足的睡眠同样不容忽视。于是家长会感到迷茫困惑、不知所措："那要怎么办呢？根本没办法两者兼顾啊？"

现在我们来探讨一种既不用发火也不会由着孩子的做法——一种能让孩子自己做决定的方法。请看后面一组正确做法的漫画（第 107 页）。

▶ 与"新新人类"沟通的要点

通过认可孩子的专心和努力并提出令孩子期待的建

议，漫画中的妈妈成功地让孩子迫不及待地自主上床睡觉。这种做法既实现了让孩子早睡，又没有让家长发火，同时还认可了孩子正在做的事情。

认可孩子并不是许可孩子"玩也可以哟"，而是要看到并认可孩子的专心和努力。漫画中，妈妈通过说"机器人的腿搭得很牢固呢"，使孩子从中获得了被认可的满足感。

我们要找到一个切入点，把"训斥孩子让他睡觉"变成"孩子自觉上床"。

家长可以根据孩子的喜好和年龄，在不断的沟通中摸索出能够激发孩子积极性的事物。例如在正确做法的漫画中，孩子就被机器人大冒险的故事吸引了。

这种探索最终会变成亲子对话，促使孩子自己愿意做某事（比如做作业），而不是等到家长发火，他们才去做。

要点　不发火、不放任，通过对话激发孩子兴趣。

NG　还要玩到什么时候？赶快睡觉去！

OK　等到 8 点我们就上床讲故事吧！

孩子在餐厅等公共场合吵闹，除了训斥还可以怎么做

这时应该怎么办？

▶ 你了解训斥孩子时的第一句话吗

有人觉得"如果不用责骂就能教育好孩子的话就不会这么烦恼了"；也有人认为"就是因为有不打不骂的父母，孩子才会为所欲为，打扰到别人，就应该教训一下"。

那么，打骂孩子的初衷是什么？是对孩子不良行为的惩罚吗？其实，这无助于他们的成长。

我们来看一组常见的不当做法的漫画（第 111 页）。

像漫画中那样，反复训斥孩子只会让父母和孩子疲惫不堪，也不利于孩子的成长。

被家长责骂时，孩子会暂时停下来，但如果他们不能

独立思考"我不能在这儿（餐厅）乱跑"，并采取相应的行动，那么责骂就毫无意义。

家长可能会为了维护自己的面子而在公共场合打骂孩子。他们似乎不希望被视为"管教不好孩子"的父母。相反，也有一些父母不认可责骂教育，他们完全对孩子的不当行为视而不见，这其实也很荒唐。那么要怎样才能同时做到既不打骂又不忽视孩子的不当行为呢？我们来看一组正确做法的漫画（第 113 页）。

▶提醒孩子的时候要注意顺序

① 使用认可孩子的话语

在正确做法的漫画中，当孩子开始大吵大闹时，妈妈并没有使用"别闹了"等否定性词语，而是用"你们都很开心，是不是呀"来认同孩子的感受，这一点很重要。

当孩子的情绪得到妈妈的理解，他们就能平静下来，体会到一起用餐的乐趣。

② 父母要做好示范

当孩子看到父母给周围人道歉时，就会冷静思考"我是不是做错了什么，让最爱的妈妈不得不向别人道歉"，并审视自己与周围环境。漫画中，在家长道歉后，大家一起安静地聊天、愉快地用餐便是最好的示范。

③ 说明规矩

最后家长再告诉孩子餐厅是吃饭的地方，不能跑来跑去，孩子也就能慢慢地理解了。

所以，上述的沟通顺序至关重要。

▶ **一味地跟孩子讲道理毫无意义**

家长想让孩子明白"这里是吃饭的地方，不是到处乱跑的地方"这一道理，但令人遗憾的是，无论家长多么耐心地解释这些规矩，效果都不是很好。这是因为他们在沟通中跳过了步骤①和②，直接跳到了步骤③。一味地讲道理或讲规矩会适得其反，因为孩子会觉得"你们总是否定我"或"你们总是生气"。

越是讲道理（规矩）的时候，就越应该注意策略。首先要用认可式话语，这一点毋庸置疑。这样做的目的并非通过责备孩子来迫使他们听从家长，而是让孩子能够自主思考并付诸行动。换句话说，我们的目的是要把孩子培养成拥有自我肯定感和自律能力的人。

想要达到这一目的的最有效的方法是关心他们，肯定他们的感受和言行，而不是责骂、忽视或反复解释规矩。

家长们，请尝试一下不用责骂也能培养孩子的沟通方式吧。

要点 不责骂、不劝告，沟通先从肯定孩子开始。

NG 别闹了！不要在餐厅里吵闹！

OK （对周围的人）不好意思，吵到您了！（对孩子）我们小点儿声说话吧。

怎么办？ 这时应该 如何让孩子主动帮忙做家务

▶ "帮我一下"正成为消极话语

前文提到用命令的语气让孩子做事没有意义。想让孩子帮忙的时候也是如此。培养孩子独立思考并付诸行动更为重要。也许有的家长半信半疑："真的能培养出会帮忙的孩子吗？"放心，可以的！

首先，我们来看一组不当做法的漫画（第 118 页）。

在漫画中，如果这种状态持续下去，那对孩子来说，"帮我一下"就是一个打断游戏、惹人不快的词语，令人心烦。

此外，简单的一句"帮我一下"还不足以让孩子知道具体该做什么。

NG
我吃饱了。
哈哈
哈哈
别玩了，帮我一下！
好～吧。
小聪，别愣在那儿，过来帮忙！
帮忙？是要我帮什么呢？
哎呀，把盘子拿过来呀！
隐身中的爸爸……

让我们换个角度思考一下。假设有人邀请你协助一个新项目，于是你中途加入了这个项目。项目中的其他人都了解项目的内容，正在稳步推进。但是，如果没有人跟你说明项目内容，也没有人与你一起工作，你是不是会感到不知所措？

上述情况就如同一个孩子突然被父母要求帮忙一样。如果你了解中途加入的项目的目的和宗旨，你也许就能边思考边协助。若有人能向你说明具体情况并一起参与其中，你的行动就会更加顺利，你的作用也会更加明确。

家长在催促孩子帮忙时也是如此。家长不要用"帮我一下"这种不明确的表达，而要尝试着向孩子解释清楚做什么、怎么做。家长与孩子的共同参与是一个良好的开端。

后面展示了一组正确做法的漫画（第 120 页）。

▶ 将"帮我一下"换个说法

家长可以试着像正确做法的漫画中所呈现的那样，把

"帮我一下"替换成具体的内容。

比如，可以说"让我们把餐具拿到水槽边"，说的同时，家长做出示范，与孩子一起收餐具；还可以说"如果你能用这块抹布，从桌子一端开始像这样把桌子擦一擦，就帮了我大忙了"，然后与孩子一起擦桌子；又或者对孩子说"我们可以把筷子都朝这个方向摆放"，然后跟孩子一起摆放筷子。

像上述这样，让孩子与爸爸妈妈一起做家务，会让帮忙变得更加有趣。如果孩子不靠别人告诉他们去做什么，而能自己发现了他们所做事情的意义，那么他们可能会找到更有效的方法。

更为重要的是，家长要本着"只要是家庭的一员，做家务就是理所当然的"这一想法来培养孩子。

不当做法和正确做法的最根本区别，就在于是否每个人都参与了家务劳动。理想的家庭生活应该是，爸爸妈妈（有时还有爷爷奶奶）以及孩子中的每个人都理所当然地参与家务。

如果只有妈妈（爸爸）一个人做饭、收拾和打扫，而其他人在客厅休息，这样的家庭难以培养出自己主动帮忙的孩子。况且，不做家务的爸爸（妈妈）让孩子帮忙也不会有说服力。

一位母亲曾提到，当她让孩子帮忙时，孩子却说"那不就是妈妈的工作吗"。即便是在当今的日本，仍有些人认为"家务 = 妈妈的工作"。

我希望生活在未来社会的孩子，无论男女，都能意识到参与家务是义不容辞的责任。鉴于此，也许是时候重新审视"帮忙做家务"这个问题了。

要点　家务不是帮忙做的，而是家里每个人理应做的。

NG｜不要愣在那儿，帮我一下！

OK｜（一边示范做法一边说）像这样按顺序擦。

如何培养孩子明确地表达自己的意见

怎么办？这时应该

▶ "你要明确地说'不'"是否定孩子的话语

有些家长可能会担心，如果孩子非常老实，他会不会无法表达自己的观点？我的女儿小时候也是这样，所以我非常理解家长这种焦急的心情。不过，孩子长大后性格是不是还和小时候一样呢？其实两者可能并没有太大关系。

尽管如此，我们先思考一下作为父母应该如何应对。首先，我们看一组不当做法的漫画（第125页）。

在漫画中，爸爸揣测出孩子的想法并给予了建议，但孩子似乎感到有些不安。

类似的场景屡见不鲜。孩子小的时候可能会抢别人的

东西，也可能会被别人抢走东西。在这个过程中，孩子会思考各种事情，同时与他人建立关系。当别人想拿孩子的东西时，家长可能想告诉孩子："明确地说'不'没关系哟。"

然而，当面临相似的场景时，如果这次是自己的孩子说什么都不肯把玩具借给别人，家长可能又会问孩子："为什么不借给他玩呢？"

因此，对孩子来说，家长善意的教导可能会让他们感觉无论自己怎么做，都会被父母否定。

此外，如果家长反复告诉孩子，要明确地说"不"或要做一个善于表达自己意见的孩子，那么孩子可能就会受心理暗示的束缚，觉得自己是一个不会说"不"的胆小鬼。而我们不希望出现这种情况。

那么我们应该怎么做呢？请看一组正确做法的漫画（第 127 页）。

漫画中的父亲不加指摘地接受了发生在孩子身上的事情以及孩子的行为，孩子似乎也产生了安全感。

▶ 不加指摘地认可孩子的判断

自己的孩子不会说"不"，爸爸可能会觉得孩子没出息。然而，家长应该不加指摘地接受孩子自己的判断和行为。

家长应避免使用评价性语言，比如，"你把玩具借给他玩，真是一个懂事的孩子呢"或"你没有借给他，很有自己的主见呢"。相反，可以通过"你借给他了呢"或"你不借给他呀"这样的话语来认可孩子的决定，这一点很重要。

如果孩子看起来没有表达自己的判断，那这也是他的独特之处，家长首先要接受这一点。

▶ 如何在家练习表达观点

在给予孩子充分的肯定后，家长可以尝试引入一种略微不同的游戏玩法。

比如，当孩子对爸爸说"把玩具给我"时，通常爸爸都会说"给你"，然后直接递给他。不过，家长可以换一种方式。在递给孩子玩具前，家长可以想象一下孩子平时与小朋友玩耍的场景并将其引入游戏。比如，爸爸可以说"嗯，现在爸爸正在玩呢，你稍微等一下，过一会儿给你玩"，或者"爸爸也想玩这个玩具，我们轮流玩好不好"，抑或"这个玩具可以给你，不过作为交换，可以把那个玩具给我玩吗"，等等。

要想让孩子在游戏中自然而然地学会这些互动，家长需要做好示范。当父母用实际行动把"希望孩子做什么"示范给孩子看时，孩子就能思考并选择自己希望做出的行为。与此同时，家长也能培养他们的自我肯定感。

要点 即便孩子没有说出自己的想法，家长也要不加指摘地认可孩子的判断。

NG 如果不喜欢的话要明确地说"不"哟！

OK 是嘛，你做到 XX 了，对不对？

"今天不想去幼儿园！"孩子突然拒绝上学该如何应对

这时应该怎么办？

▶"应该去幼儿园"和"可以休息"，哪个做法对

孩子一直很开心地上幼儿园、兴趣班，如果突然说"我不想去"，家长可能不知道如何是好。首先我们来看一组不当做法的漫画（第 132 页）。

当孩子不想去幼儿园时，大部分爸爸妈妈都会卖力地跟孩子讲幼儿园的有趣之处和去幼儿园的意义，试图说服孩子去上学。

"那就去吧。"或许有时候孩子会听话。

相反，也有不少人觉得不必强迫孩子去，可以顾及一下孩子的想法，让他们休息一下。我们应该观察一下孩子

的状态，如果觉得休息一天对孩子更好，那就休息一天吧。

无论是"你应该去"还是"你可以休息"，听起来都像是给孩子建议，但事实上，它们都是建立在父母做出决定的前提之上的。

你有没有发现，在不当做法的漫画中，家长根本没有考虑孩子自身的想法。如果持续这样的对话模式，孩子将来很可能无法成为一个自己的事情自己决定的人。

下面我们通过正确做法的漫画（第 134 页）介绍一下简单明了的沟通步骤。

① 理解孩子不想去的感受

面对不想去幼儿园的孩子，家长首先可以用"你不想去，对不对"来确认孩子当时的心情。

然而，很多家长往往会问"你为什么不想去呢"，这可能会让孩子感到自责，妨碍他们形成自己的想法。

家长应尽量避免问孩子为什么，而应通过对话反复与

孩子交流。

② 在沟通中认可孩子的努力

孩子不想去幼儿园的背后其实蕴含了他们希望家长能够看到自己的努力的情绪。

但是，父母往往以"去还是不去"的思路来解决问题。正确的做法是，家长首先应有意识地认可孩子的情绪，而这种情绪孩子目前还无法准确地表达出来。事实上，孩子并不希望被家长说服或得到某种允许。

假如父母换位思考一下，就可以理解这一点。

想象一下，你做好饭后，如果家人说"真好吃啊""今天也要谢谢你"，你就会更有干劲儿。

但如果家人把你每天做饭当作理所当然的事，什么都不说会怎么样呢？是不是有一天你也会有"今天不想做饭"的想法？

这时，如果家人问起"为什么不做了呢"，或者对你说"不做也可以啊，点外卖也不错"，你是不是会有一种

"我说的不是这个意思"的复杂心情？

孩子也是如此。爸爸妈妈们，请用语言表达出对孩子努力的肯定。如果孩子觉得自己得到了理解，他们就会重新振作起来，继续努力。你不觉得这些希望得到父母的理解和认可的孩子非常坚定和可爱吗？

▶ 成为孩子的咨询师

在漫画中，家长在交流中给予了孩子肯定，了解到孩子不想去的原因（脚疼），然后告诉他相应的解决办法，即购买尺寸适合的鞋子。

对于年幼的孩子来说，他们现在还很难搞明白如何处理问题。家长可以通过提供信息和建议，帮助孩子学习并掌握解决问题的方法。

事实上，这种积累将有助于建立一种亲子关系——即使孩子将来遇到严重的问题，他们也可以安心地与父母交流，最终一起解决困难。

要点

不讨论"去还是不去"的问题，而是认可孩子平时付出的努力。

NG 你说什么都不想去的话，那不去也可以。

OK 是吗，今天不想去幼儿园，是不是啊？你一直很努力呢！

第 **3** 章

如何在沟通中肯定并培养
孩子的能力

要想让孩子拥有自信且能够发挥其自身能力，家长需要善于发现他们的努力与尝试，并不加指摘地对其表示认可，这一点至关重要。本章将介绍能够提升孩子的自我肯定感，并不断激发其潜在能力的沟通方式。

家里总是乱糟糟的……想培养一个善于整理的孩子却事与愿违

这时应该怎么办？

▶ "三步走" 培养整理能力

在前来咨询的父母中，大家提到最多的就是整理问题。

孩子一直在玩，玩具、绘本散落一地，从阳台收回来的衣服也堆在那里……这样的场景总会令家长焦躁不安。

我们先来看一组不当做法的漫画（第 141 页）。

无论家长训斥多少次，孩子都学不会收拾东西，真是让人心累。

其实孩子原本就不懂整理的方法。因此，关键在于家长要跟孩子一起整理，给孩子做好示范。后面呈现了一组

正确做法的漫画（第 143 页）。

孩子拿出来的玩具应该由他们自己整理好——相信很多家长都会这么认为。在某种意义上，这种想法也有道理。

但是，这要建立在孩子能够理解整理的意义的基础上。因为"收拾东西"只是家长单方面的意愿，而孩子的愿望是要把玩到一半的玩具都留在外面。

接下来我们一起看一下培养孩子整理能力的三个步骤。

① 父母和孩子一起整理（不是让孩子整理，而是给孩子做示范）

家长可以这样引导孩子："把积木放在这个箱子里哟""我们一起把书摆放到书架上吧""我们先数一数，再把拼图收好，这样就不会丢了"。如果父母与孩子一起收拾东西，久而久之，就能让孩子从中学会很多事情。

- 玩具要分类整理；

- 图书要按顺序摆放；

- 整理时要注意区分颜色、材质。

家长应结合孩子不同成长阶段的特点，采取愉快的沟通方式来激发孩子的求知欲。强迫孩子或挑毛病只会适得其反。举个例子，家长可以通过游戏或者向孩子请教的形式来激发他们的兴趣。比如，可以对孩子说："来跟妈妈比一比，看谁装到箱子里的球更多吧！""能告诉我这个娃娃应该放在哪里吗？"孩子在这种互动中得到满足，便会动手整理了。等孩子逐渐学会了收纳整理的方法，慢慢地他们就能够独自收拾东西了。

② 跟孩子一起观察整理好的房间

整理结束后，家长可以跟孩子一起观察收拾好的房间。请注意，家长一定要通过语言明确地向孩子传达"房间整理好后就可以玩新的游戏啦"这一信息。比如，可以对孩子说："房间收拾干净以后感觉好舒服啊！我们可以躺下玩，也可以在房间跳舞啦。"

让孩子真切地感受到整理的好处（比如，可以在收拾好的房间跳舞），这才是第一位的。

③ 遵守约定

最后，请家长一定要遵守与孩子的约定。如果与孩子约好这次整理完房间后可以跳舞，那就要说到做到。需要提醒家长的是，如果只是为了让孩子整理而事后食言，哪怕就一次，那么前期努力的成果就会付诸东流！

通过不断反复以上步骤，孩子就能体会到房间收拾好以后的舒适感，这种感觉将成为他们整理的动力。虽说如此，要想让他们能够自主收拾东西，还为时尚早。

不过不必着急。实际上，对孩子来说，比起整理得像样板间一样的房间，反而是前一天玩过的玩具原封不动地放在那儿，更能刺激他们的大脑前额叶，使其在玩的时候动脑思考。

在孩子小的时候没有必要吼孩子"收拾一下"。

要点 不是要求孩子自己整理（讲道理），而是与孩子一起学习如何收拾（学方法）。

NG 快收拾一下！

OK 我们一起来收拾吧！收拾完一起 XX 吧。

是否担心给孩子选错了兴趣班

怎么办？这时应该

▶ 想让孩子学的有很多，但学什么好呢

我想很多家长在给孩子选择兴趣班的时候都会有些迷茫。前来咨询的很多家长反映："明明是孩子自己说想学才让他学的，结果却完全不练！"一开始就进展顺利、坚持练习的孩子屈指可数。先让我们看一组不当做法的漫画（第 148 页），漫画中的场景屡见不鲜。

家长如果像漫画中那样来决定孩子的兴趣班，可能会为将来埋下失败的种子。实际上，很多父母自认为这是尊重孩子意愿的做法。我们不妨回过头来想一想孩子说的"想学"的真正含义。

因为工作关系，我有很多机会采访到世界级运动员、

艺术家等不同行业的人士，他们中的大多数都表示"没有被父母追着练习过"。看来，家长其实没有必要为了发掘孩子某方面的才能而焦虑，也不必强迫孩子学这学那。

下面列出了选择兴趣班的三个步骤。

① 摒弃"为了让孩子掌握技能"的想法

能弹好钢琴；

能用算盘算乘法；

学会自由泳……

我建议家长先放弃诸如此类为了培养某种技能而让孩子参加兴趣班的想法。

② 要让孩子学会努力的方法

家长要明白，参加兴趣班是为了让孩子学会努力的方法。

以钢琴为例，家长可以把学习弹钢琴当作一个契机，引导孩子掌握正确的努力方式。

请家长思考如下问题。

表扬还是激将法更使人上进？

"与妈妈一起做"还是"一个人做"更使人上进？

有汇报演出还是没有汇报演出更使人上进？

有竞争对手还是没有竞争对手更使人上进？

早上练习还是晚上练习更使人上进？

如果将学习过程当作摸索适合孩子的努力方法的机会，家长便不会焦虑，也不会因为孩子没有进步而感到气恼或者烦躁不安。如果这样想是不是感觉轻松多了？

此外，在孩子小的时候让他学会努力的方法，能够使孩子在今后的人生中面对任何事情时都能自主地发挥其能力，而气冲冲地强迫孩子则不会有这种效果。

③ 要考虑"跟谁学"

家长似乎更重视"学什么"的问题，实际上"跟谁学"的问题更为重要。因为对孩子来说，身边是否有让他觉得"我要努力"的有魅力的老师和同伴，将关乎他能不能学好。

下面我们看一组正确做法的漫画（第 151 页）。

正如正确做法的漫画中那样，父母与孩子一起参加试听课、体验课，<mark>让孩子在几个选项中自己做出选择，这一点尤为重要</mark>。为了便于孩子选择，父母可以帮助孩子整理一些相关信息。但需要注意的是，孩子会从父母的话语中揣测父母想让自己学什么，所以父母要先把自己的观点和价值观放到一边，仅仅传达信息即可。

此外，家长还可以跟孩子试着一起从家里走到兴趣班教室看看。

▶选择兴趣班老师的避坑指南

家长需要切记的是，不要擅自决定选哪个兴趣班。<mark>最重要的是，要选择能够让孩子产生真正想学的想法的老师</mark>，家长要看孩子和老师到底合不合拍。

即便家长希望找一个严格点儿的老师，但若削弱了孩子学习的积极性，这样做也是没有意义的。如果能找到一位能够激发孩子干劲（让孩子努力）的老师，那就可以把孩子交到他的手上。

即使孩子能够体会到兴趣班的乐趣，如果给他们的自由度太低，孩子可能也无法乐在其中。

正如漫画所描绘的情况，相比于那些按部就班地决定练习曲目的老师，家长可以选择能够根据孩子的兴趣灵活调整曲目的老师。这样一来，即便孩子不好好练习指定曲目，但一旦遇到喜欢的曲子，他们也会愿意花功夫去练习。

如果孩子在这一过程中学会了努力的方法，那么今后即便是规定曲目，他们也会认真练习，逐渐学会弹钢琴。

当然，也有的孩子希望老师指定练习曲目，这样他们才能安心练习。

在这方面，父母需要提前与老师沟通，判断对方是否能够一起提高孩子的学习兴趣。

在正确做法的漫画中，A 老师看上去温和，整体感觉不错，不过假如她先与家长交流再和孩子说话，那么她就不适合做孩子的老师。

有些老师更注重与家长沟通，而忽略了近在眼前的孩子，或者他们干脆直接与家长交流。这样的老师往往导致后期的学习进展不顺利，因此还是避免选择他们为好。

当然，即便是孩子自己选择的兴趣班，也可能不会一帆风顺。但如果家长将兴趣班当作摸索孩子的努力方式的一种途径，那么就会感到轻松很多。

此外，与其强制让孩子学会某项技能，不如用心观察一下孩子在什么情况下能有干劲儿，以及用什么样的沟通方式能帮助孩子克服困难。在慢慢发现这些规律后，父母和孩子就能够共同努力。

我想"学会努力"才是家长真正想让孩子通过兴趣班掌握的能力吧。

要点　比起学什么（技能），让孩子决定跟谁学（掌握努力的方法）更重要。

NG｜我们也跟着小 XX 的老师一起学吧！

OK｜我们一起去参观感受一下吧！

让孩子做思维训练有好处吗

怎么办？这时应该

▶ **在孩子的思维训练中一定不要这样做**

让孩子接受幼儿思维训练或参加在线课程的家长似乎为数不少。明明是在问了孩子"大家都在做思维训练，你要不要试试"，孩子回答说"想做"的情况下才开始的，但结果是，孩子对训练百般抗拒。这时就会有很多家长陷入烦恼："是不是该给孩子停掉？"这种情况跟前面所举的学钢琴的例子是一样的。

下面我们来思考一下遇到这种情况时应该怎么办。请先看一组不当做法的漫画（第157页）。

一直以来，很多家长都感到困惑："我家孩子没有接受思维训练，是不是让孩子试一下比较好？"我的观点是，

没有必要。其实接受与不接受都关系不大。换句话说，强迫孩子进行这种重复性练习是没有意义的。也许有家长会疑惑："即便是孩子自己说想做，也没有意义吗？"实际上，只有在孩子真正理解了思维训练的实质并说"想做"时，思维训练才有意义。因此，没有必要勉强孩子做练习，如果无法坚持下去，停掉也没有问题。

其实，孩子从出生时起就充满了求知欲。他们对未知事物充满好奇，他们对接下来会发生什么感兴趣，他们想挑战自己，看看能不能做到某件事……父母能在多大程度上提升孩子的这些思维能力将影响他们的一生。

▶ 观察孩子的兴趣所在

父母为孩子选好练习内容、定好练习时间和题量，并让孩子按要求做，这种做法绝对不可取，因为这会大大削弱孩子的好奇心和求知欲。

为了避免犯类似错误，我建议家长在平时多加观察，看看孩子对什么感兴趣。然后在此基础上，通过书店、网

络、图书馆等途径进行深入了解，选择孩子感兴趣的

内容。

- 喜欢图形；

- 喜欢用铅笔写写画画；

- 喜欢丰富多彩的颜色；

- 比较关注物体的质感；

- 喜欢平板电脑；

- 对声音敏感；

- 喜欢卡通人物。

下面我们来看一组正确做法的漫画（第 160 页）。

在漫画中，家长通过与孩子沟通，激发了孩子的兴趣，

然后选择了合适的练习册。

▶ 是否应该引导孩子按你的意愿做选择

我偶尔会看到这样的场景：父母并不是按照孩子的兴

趣来买东西，而是诱导孩子选择他们想让孩子买的东西。

这种做法削弱了孩子"自己决定，自己完成"的自主性，因此不建议采用。

有时候，家长准备一些具体的物品，可以更好地提升孩子的学习效果。比如，在进行加法和除法等练习时，不应该仅仅局限于书桌前的计算练习。父母可以通过跟家人分饼干、比萨，或者把果汁分装在有刻度的杯子里等方式，来培养孩子的学习兴趣。

然而，令人难过的是，尽管是由孩子自己选择的，孩子也不一定能够坚持做下去。家长通常觉得好不容易买回来训练图册，还是希望孩子能坚持做完。这种心情我非常理解。

在这种情况下，我建议家长亲自做一些训练图册，当孩子看到爸爸妈妈也乐在其中，孩子也会跃跃欲试。

家长要让孩子意识到思维训练（也不仅限于此）并不是被迫进行的，而是在愉快的完成过程中检验自己能力的一种活动，从而在孩子的成长过程中培养孩子对学习的兴趣。

要点

不要强迫孩子养成做练习的习惯，而要通过一起参与来培养孩子的兴趣。

NG | 给你买了跟 XX 一样的训练图册哟！

OK | 有各种各样的思维训练呢，我们一起选一选吧！

该如何应对孩子不停地要这要那

怎么办？这时应该

▶ "要这要那"的真正含义

购物是家庭每天的日常活动。如果每次孩子都缠着家长要这要那，家长也会感到心累吧。

我建议家长不要被孩子吵着要这要那影响了心情，可以先试着分析一下孩子想要某种东西的理由。我们先来看一组不当做法的漫画（第 164 页）。

规则是在对双方都有利的情况下才有约束力。

各位家长有没有发现，漫画里的妈妈其实是在单方面地把规则强加给孩子，这样做没什么意义。

站在家长的角度，购物是给一家人买东西。但对孩子来说，购物时如果这也不能买那也不能买，购物则是一个

很无聊的过程。

事实上孩子很可能并不是真的想让家长为他买某个东西，而是为了引起爸爸妈妈的注意才要这要那。

与其在孩子吵着要这要那时想着如何应对，父母应该重视孩子在要这要那之前的状态。后面是一组正确做法的漫画（第 166 页）。

▶ 利用购物的机会提升孩子的表达能力

在购物过程中，父母不要让孩子觉得是在陪父母购物而感到无聊，而要像漫画中那样，让孩子觉得自己也在帮忙。

对于孩子感兴趣的东西，父母应给出肯定的回应。在这个过程中，孩子不断得到满足，也就不会缠着家长要这要那了。

此外，与绘本、图鉴里的图片不同，超市是让孩子实实在在地观察水果、蔬菜、鱼类等食物的好机会。虽然货架上的商品不能随意触碰，但如果选好了准备要买的东

西，可以让孩子拿一拿，实际感受一下物品的触感和重量。

家长可以试着理解孩子说的话，而不要全盘否定，要将其作为加深孩子认知的机会。

即便如此，如果孩子还是要这要那，我建议家长借此机会培养他们的表达能力，让孩子说明所要东西的好处。

- "你想要这个巧克力啊。它跟旁边这块巧克力有什么不同呢？你喜欢哪一个？"
- "这个巧克力的价格可以买两个我们平时吃的冰淇淋呢，选哪一个好呢？"
- "这种巧克力是圆形的，这种是恐龙形状的呢！你觉得哪个好？"
- "你是想买这种巧克力，还是想回家做巧克力曲奇饼干？"

通过类似的对话形式，家长可以引导孩子讲出说服父母的理由。

在这样不断积累的过程中，孩子便能逐渐独立思考一些问题。

- 自己的喜好；

- 挑选物品的标准；

- 买某种东西的好处。

由于孩子对价格高低还没有概念，家长可以拿孩子比较熟悉的物品进行类比，为孩子提供判断的依据。

可以让孩子思考：为了得到想要的东西，自己能做什么？如何表述理由？

其实，日常生活中有很多机会培养孩子的这种思维能力，并不仅限于在书桌前的学习。

要点　培养孩子的表达能力，而不是劝说孩子遵守规则。

NG｜说好了不能买糖果的!

OK｜你想要这个啊，这个和那个有什么不同呢?

让孩子忍耐的做法不可取吗

这时应该怎么办？

▶该培养被动式的忍耐力还是自发式的忍耐力

有不少家长前来咨询关于忍耐的问题。

有的家长问我："我女儿很爱哭，为了让她学会忍耐，我经常鼓励她'加油！忍着不能哭哟'。我这么一说，她就哭丧着脸忍着。现在我如果回过头来跟她说'哭也没关系哟'会有问题吗？"

我们先来看一组不当做法的漫画（第171页）。

大家看后的感受如何？是不是觉得这种沟通方式似乎没有什么不妥？

首先，让我们思考一下什么是忍耐。

一般意义上，忍耐是指人对于外界的人或环境带来的

压力的忍受，也被称为"被动式忍耐"。

然而，==在孩子的成长过程中，更重要的是培养能够控制自己情绪的自发式的忍耐力==。

自发式忍耐是指，通过分析自己应该怎样做才能达到自己的目的而采取的自我克制。小米为了达到爬攀爬架、从蜘蛛网前面通过的目的而忍住不哭，这就是在培养自己的自发式的忍耐力。

所以，==此时妈妈说一句"不用强忍着"，其实是不合乎常理的==。我们虽然理解妈妈担心的心情，但这时请尝试用认可式话语来沟通。也许有的家长会疑惑："害怕的话哭也没关系哟"不就是肯定孩子的话吗？实际上，这并不是认可式沟通。下面我们来看一组正确做法的漫画（第173页）。

▶为什么不能说"没关系，不用勉强哟"

正确做法与不当做法最根本的区别在于，前者没有使用"没关系，不用勉强哟""哭出来也没事哟""不用忍着

也可以哟"等带有许可口吻的话语。

"没关系，不用勉强哟"，这听起来像是认可孩子的话语。然而实际上这并不是肯定孩子的话语，而是家长的判断性话语。同样，"不用忍着也可以哟"听起来也像是肯定孩子的语言，然而需要注意的是，这句话很可能妨碍孩子提高自主性。

同样，"你忍住了，真棒啊"感觉也像是认可式话语，但需要注意的是，孩子可能会为了满足家长的期待——成为沉稳的孩子——而做出违背自己意愿的事情，让自己痛苦。

那么这时应该如何沟通呢？其实家长只需要不加指摘地认同孩子的行为和情绪即可。当孩子说"我害怕……"的时候，回应说"是有点儿害怕呢"；当孩子爬到顶的时候，就用语言肯定他终于爬上去了。这些就是认可式话语，既简单又有效。

▶ 培养孩子忍耐力的两个要点

家长通过肯定式沟通培养孩子的忍耐力有下面两个要点需要关注。

① 父母需要知道孩子大概 4 岁以后才能发挥自发式忍耐力

家长的首要任务是培养孩子的欲望和动机意识，而不是强迫他们忍耐。虽说忍耐力是从 4 岁开始发展，但事实证明，如果父母强迫孩子从 0 岁开始忍耐或对他们漠不关心，并不能帮助他们增强忍耐力。

② 父母要做好榜样

当孩子看到爸爸妈妈一起参与挑战或乐在其中、享受过程时，他们会更有安全感，从而参与挑战，进而思考自己到底想做什么、应该做什么，最终能够做到控制自己。

当然，家长不要忘了，当孩子有父母做榜样时，他们就会自然而然地学会忍耐。

要点

在孩子尽力完成自己想做的事情并得到认可后，他们的忍耐力才能得以提升。

NG 没关系，不用勉强哟。

OK 是有点害怕呢。你做得很好！

<h1>孩子总是坐不住，应该训斥他还是由他去</h1>

怎么办？这时应该

<h2>▶ 父母对孩子的专注力的误解</h2>

在有同龄孩子参加的活动和聚会中，你是否有时会觉得只有你的孩子坐不住？由于担心"我家的孩子是否有问题"而前来咨询的家长不在少数。

首先，我们来看一组不当做法的漫画（第 178 页）。

很多父母认为孩子坐不住就是注意力不能集中。在这里，我要告诉有这样想法的爸爸妈妈们，跑来跑去的孩子并不是坐不住，而是在专注于自己的兴趣。如果这时家长要求孩子"坐好""不能这样""停下来"，反而压制了他们的情绪，最终影响孩子自我肯定感的形成。

那么，你可能会觉得坐得住的孩子就只是呆坐在那儿

吧？也不是这样的，坐得住的孩子也是专注于坐在那里（在自己的安全地带观察）这件事。我们看一组正确做法的漫画（第 180 页）。

▶ 如何培养孩子的专注力

许多爸爸妈妈往往会在孩子专心致志地做一件事的时候阻止他们，让孩子做一些他们不想做的事（在漫画中是让孩子坐好）。遗憾的是，这样做并不能培养他们的专注力，只会适得其反。

要想让孩子在稍大一点儿时能够静静地坐在书桌前集中注意力，那么对于孩子现在独自一人沉浸其中的事情，家长也应参与进来、共同完成，这一点至关重要。

▶ 越是乐在其中的孩子越专注

当孩子专注于某件事时，父母不要愁眉苦脸地在一旁默默地看着孩子。

正如漫画中的情况，面对跑来跑去的孩子，家长与其觉得没办法而放弃，任由孩子乱跑，不如积极地看待问题，承认他们现在正在培养自己的专注力（当然要注意不要打扰周围的人）。

如果孩子自己想做的事（跑来跑去）先得到肯定，他们就能从中获得满足，之后就能好好地参加活动了。培养了良好专注力的孩子在长大后坐在桌旁学习时，会显示出强大的力量。

要知道，专注力不是靠听父母的话，静静地坐在那儿来培养的。所以，别担心，与孩子一起享受这段时光吧。

要点　孩子坐不住，那就参与他们正在做的事情以培养孩子的专注力。

NG｜你怎么就是坐不住呢！

OK｜（他们现在正在培养自己的专注力！）

孩子不玩的玩具，立即扔掉不好吗

怎么办？这时应该

▶不要争论扔还是不扔

一些家长会有这样的困惑：想扔掉孩子不再玩的玩具，但考虑到孩子的感受，又不能轻易扔掉它们。

父母应该如何与孩子沟通，才能让他们顺利地告别不玩的玩具呢？请先看一组不当做法的漫画（第 184 页）。

很多家长表示，当询问孩子意见时，他们总会哭闹着说"不要扔掉"，于是家长一般会偷偷扔掉，不让孩子发现。

不过，也有很多家长担心，如果让孩子养成玩具玩够了就扔掉的习惯，会阻碍他们养成珍惜物品的意识。出于这种担心，这些家长也没有办法轻易扔掉玩具。

- 珍惜某样东西；

- 扔掉某样东西。

你是不是感觉这两者的含义似乎完全相反？但仔细想想，把不用的东西闲置或让它们躺在柜子的最里面也不是珍惜东西的行为。

▶ 怎样才算珍惜东西

我们不应该用"扔掉"或"不要扔掉"的观点来看待玩具；家长可以从"珍惜物品意味着什么"的角度与孩子谈论玩具。

我们来看一组正确做法的漫画（第 186 页）。

也许你会惊讶："什么？不可能这么顺利！"当然不可能一次就达到这样的效果。但试想一下，把玩具丢在一边不是更可惜吗？

家长可以像正确做法的漫画中一样，试着从怎样让玩具帮助到某人的角度出发与孩子交流，如此一来，话题就

会逐渐发生变化。

这种思维方式会让孩子真正产生珍惜某种东西的意识。做到这一点的关键在于，家长要有意识地创造相关话题，让孩子认识到这一点。

成人往往根据价格来衡量玩具的价值，但对孩子来说，价格并不重要。重要的是玩具对他们来说是特别的，或者是充满回忆的。如果孩子能够独立思考并得出自己的答案，那就再好不过了。

- "这个不用的话就丢掉吧。"
- "玩具不收好就扔掉吧。"

假如家长采用上述沟通方式，可能难以培养孩子对物品的珍惜意识。

▶ 如果孩子学会了如何舍弃，也就学会了如何购买

家长不妨跟孩子一起讨论一下玩具的一生，让他们明白"自己已经玩够了，不再需要玩具了"。如果孩子已经

不想谈论某个玩具，那么他们也会意识到"现在自己已经对它不再感兴趣了"。

如果无法决定要扔掉什么，那就尽量挑选自己喜欢或需要的东西。选择喜欢的东西比选择要扔掉的东西更有积极意义。你会发现孩子在选择喜欢的东西时，他们的眼神都会不一样。接下来，孩子慢慢地就能自己做决定了，比如，"我要和这个玩具说再见了""我要把这个玩具送给那个小朋友"，等等。

经过多次重复，孩子就能逐渐做到与自己的玩具好好说再见了。

此外，正是因为父母经常和自己交谈，并为扔东西纠结过，所以在购买新玩具的时候，孩子会认真考虑"我真的想要它吗""我真的会用到它吗"等类似问题，然后再做出选择。而这种选择的过程对他们养成珍惜物品的意识很有帮助。

要点

不要争论扔与不扔，要在不断的交谈中让孩子懂得珍惜物品。

NG | 这个玩具你根本不玩了，对吧？那我扔掉喽！

OK | 这个玩具，我们应该怎么处理呢？

这时应该怎么办？

解决兄弟姐妹吵架的有效方法是什么

▶ 把吵架当作学习对话艺术的机会

在家里的时间越多，兄弟姐妹之间就越有吵不完的架。

"战斗"开始了。

→ 家长温和地告诉他们要和睦相处。

→ 斗争非但没有停止，反而愈演愈烈。

→ 家长最终生气发火。

→ 最后以孩子哭了收尾。

如此循环往复……有很多家长前来咨询："作为父母，这种情况我们应该如何处理呢？"我们来看一组不当做法的漫画（第 191 页）。

对孩子来说，争吵可能是其发泄情绪的一个方式。

如果孩子们无论如何都要吵架，那就把它变成学习对话艺术的机会。从兄弟姐妹之间的争吵中，孩子可以在以下方面积累经验。

- 如何在外面打一场漂亮仗；
- 如何表达自己的观点和想法。

▶ 父母应担任"翻译"

家长如果抱着"怎样才能让孩子停止吵架"的想法，就会失去培养孩子下面各种能力的机会，那就太可惜了。

- 坚持自己的主张的能力；
- 交涉能力；
- 找到折中方案的能力。

不过，如果任由争吵发展，这些能力同样得不到发展。家长应尽量为孩子提供"语言武器"，让他们协商解决。

此时，家长可以做的就是担任"翻译"。我们来看一组正确做法的漫画（第 194 页）。

如果兄弟姐妹开始吵架，家长可以像漫画中那样，在孩子之间来回做"翻译"。

当父母把孩子无法明确表达的情感用语言表达出来时，孩子也掌握了表达能力，学会了用语言交流。

当父母不向任何一方强行讲道理，而是站在中立的立场上面对孩子时，孩子就会感到安心，然后就能思考自己应该做些什么。

"作为父母，我们必须教给他们正确的解决办法！"基于这种想法，家长往往想成为决定哪个孩子是正确的"法官"。但是，当父母充当法官时，孩子独立思考的能力不仅得不到发展，而且更重要的是，这会带来不公平。兄弟姐妹在交流感情的方式和体力等方面都存在差异，如果此时父母能充当"翻译"，就能很好地"弥补"这种不公平。

▶ 吵架不是由父母解决的问题

即使知道姐姐有明显的过错，父母也要充当"翻译"。家长不必决定孰错孰对，而且也不容易决定。

这时，家长可以借此机会锻炼孩子，让他们思考"该怎样解释自己的想法和愿望才能让别人理解"。从长远来看，兄弟姐妹之间吵架对他们的人生是有益处的。

如果争吵一直持续，建议家长给孩子口中的"不行"提出一个缓解方案（比如，可以轻轻地摸一下孩子），这样可以帮助孩子练习说出"好吧"。

许多家长可能会说，自己根本没有精力来这样用心处理孩子的吵架。但如果孩子一吵架，家长就发火，还不停地劝架，让他们停下来，孩子是得不到成长的。

我们的目标是培养孩子将来能够自己解决争吵问题。让孩子自己解决问题的做法看似绕远，但一定是最好的方法。我们期待孩子在遇到不合理或不顺心的事情时，有能力自己解决。

要点

在兄弟姐妹吵架时不要做"法官"，要担任"翻译"，培养孩子的表达能力。

NG | 你是姐姐，借给他玩一下！

OK | 你是姐姐，你想怎么做？

怎这
么时
办应
？该

想培养孩子的积极性，最好的沟通方式是什么

▶ 让孩子保持干劲儿的亲子对话是怎样的

本书要跟爸爸妈妈分享的是，家长可以通过肯定孩子所做的事情来培养孩子的自我肯定感，以此形成他们的自我激励意识，而不是单纯地表扬他们，鼓励他们去做。现在，我们将进一步探讨通过认可让孩子更加努力的沟通方式。

此前，我们都是按"不当做法→正确做法"的顺序来说明的，这里我们将采取"正确做法→更优做法"的顺序来说明。

首先我们来看一组正确做法的漫画（第 198 页）。

- 当孩子拿着绘本要求"讲这个"的时候，妈妈首先微笑着说"好的"，给出肯定回应。这样做使大家都有了不错的情绪状态。

- 紧接着，通过说"这个很有趣呢"来肯定孩子的选择。即使孩子选的不是父母想让他们看的书，也要首先表示认可，这一点至关重要。孩子只有在自己得到认可后，才能认可别人的感受或行为（这里指的是妈妈要忙其他事情）。

- 此外，姐姐也认可了弟弟想要有人为他讲绘本的需求。

现在，我们来看一下能够让姐姐在这一良好的沟通氛围中进一步成长的沟通方式。

请看漫画的后续部分（第 200 页）。看后，你有什么感受呢？

▶孩子随时都在聆听父母的谈话

漫画中，姐姐听到爸爸妈妈的对话后，更加积极了。这是为什么呢？

事实上，对于父母的当面表扬，孩子固然很开心，但间接听到父母谈论这件事对孩子更有影响力。

成年人也是一样的。直接被上司表扬当然开心，但如果从同事那里听到"部长对你的项目大加赞赏，说你做得非常好呢"，则会让人更加高兴，这是因为间接听到的话带有事实色彩。

孩子可能知道，直接的表扬有时会包含善意的谎言和社交中常见的寒暄。

父母之间、家长之间以及父母和老师之间的谈话，对在旁边聆听的儿童有很大影响。

在遇到令人开心、孩子成长的关键时刻，或者希望孩子继续做某事时，我们可以在孩子看似没有听、但其实在听的时候谈起，这会让孩子更加高兴。（不过，这一招千万不要刻意多用，因为孩子会看穿的。）

▶ 父母的这种爱正在伤害孩子

请家长注意，负面词语会对孩子产生更为巨大的影响。

例如，夫妻对话时聊到："这孩子做了这么过分的事！"或者妈妈们之间互相谦虚："我家孩子完全不行。"或者家长向老师咨询"他一点儿都不听我的话，我该怎么办"，等等。

我能理解父母希望自己的孩子哪怕有一点点改进的心情。但这些话语如果被孩子听到，会对他们造成很大的伤害。

当批评孩子时，请当面直接对孩子说。间接责骂是不可取的。

虽然家长在与孩子直接对话时比较注意措辞，但往往会忽视和他人的日常对话。

要点

相较于当孩子面说的话，父母之间的谈话更能激发孩子的积极性。

OK | 你帮妈妈做了 XX，妈妈好开心啊!

更加 OK | （间接地）今天姐姐帮我做 XX 了呢!

第 **4** 章

如何在沟通中消除育儿焦虑

育儿过程总伴随着焦虑与担心。正因为如此，不仅仅对于孩子，家长对自己的努力也应该不加指摘地认可。本章将介绍缓解常见的育儿焦虑的沟通方式。

孩子上小学前，需要培养的唯一技能是什么

▶ 不会不行吗

对于孩子即将上小学的家庭来说，心理建设的重要性不言而喻，需要准备的物品也种类繁多，颇为麻烦。网上关于孩子入学前必备能力的文章也越来越多，更让人感到焦躁不安。

家长往往会训斥孩子"你要是不会做××，上小学后就麻烦了"，并催促孩子学着做。这时家长应该如何与孩子沟通呢？

我们先看一组不当做法的漫画（第 207 页）。

家长时刻提醒孩子"如果你不会××，在学校会遇到麻烦"。可真的是这样吗？

有的成年人早上也会感到起床困难，甚至不愿意起床，脱下来的衣服可能也不会叠或者根本不想叠。我们从小就被教育要快点儿吃，但成年后又被告知要慢下来享受美食。如果我们从小就能够通过别人提醒而做到某件事，那么每个人长大后都应该能做到。然而，还是有人做不到或不愿去做。此外，由于环境和文化不同，要做的事情也会各不相同。

家长不应强制孩子做某事，而应通过交流让他们自主思考并做出判断。

下面，我们将在了解幼儿园与小学之间的差异的基础上，探讨相应的沟通方式。

请看一组正确做法的漫画（第 209 页）。

▶ 不要过于在意孩子做不到的事情

在错误做法的漫画中，家长的沟通方式使孩子只能回答"哦"或"不要"，这样一来孩子自主思考的能力永远不会得到提升。家长可以像正确做法漫画中的妈妈一样，

采用能够促使孩子思考并表达出来的沟通方式。动脑思考能使孩子头脑清醒。如果他们清楚地知道自己这一天要做什么，就会更有活力。

孩子脱下来的衣服，家长可以当场示范教孩子怎么叠，或者把衣服递给孩子，鼓励他们自己叠，然后与孩子一起完成。有些家庭可能不用叠衣服，而是把衣服直接放进洗衣机。不过不管怎样，孩子不可能突然间变成无所不能的小学生，每天的积累至关重要。

此外，很可能这些事孩子在幼儿园或学校做得很好，他们只是单纯地在家里不想做而已，所以家长不必过于在意孩子不做某事。这可能意味着他们学会了在家和学校之间切换 ON（开）和 OFF（关），而这正是孩子成长的标志。

更为重要的是，孩子上小学前家长只需要学会一件事——跟孩子建立相互信任的亲子关系，这样无论在学校发生什么，孩子都可以向爸爸妈妈倾诉。除此之外的问题都可以随着孩子的成长逐渐解决。

▶小学和幼儿园最大的区别

小学和幼儿园最大的区别，是孩子上小学后能够更好地用语言表达自己，因此通过与孩子交流，家长能够更及时、更准确地了解孩子在学校的情况。

需要注意的是，在孩子上小学之前，一定要让他们感受到与父母交流的乐趣。分享好事自不必说，当遇到不好的事情时，他们也应跟父母沟通。教会孩子这一点非常重要。假如孩子感受到以下情绪却犹豫是否要告知父母，岂不令人不安吗？如果真是如此，家长很可能会错过重要的事情。

- 挨了骂；

- 可能被认为是坏孩子；

- 别人让自己伤心；

- 大家似乎对自己的话不感兴趣。

日后当孩子遇到难过的事或被欺负时，家长一定希望自己能成为他们第一时间想到的倾诉对象吧。相比之下，独自起床或叠衣服这些细枝末节都显得并不重要。

要点 在孩子上小学前，要做与孩子无话不谈的父母。

NG 如果学不会的话，就当不成小学生！

OK 今天，你要在幼儿园做什么呢？（尝试与孩子交流他们容易参与的话题。）

当孩子问小宝宝是从哪里生出来的时候，该如何回答

这时应该怎么办？

▶ 不要错过孩子提问的时机

近年来，人们对性教育的关注与日俱增。爸爸妈妈们都想让孩子了解隐私部位的知识，这是无比正确的。但是，没有接受过性教育的这一代父母该如何正确地告知自己的孩子呢？这很令人苦恼。

事实上，80% 的孩子在 5 岁之前都会向父母提出这样的问题："小宝宝是从哪里生出来的？"

如果是你，你会怎么回答？我们来看一组不当做法的漫画（第 214 页），漫画中的亲子对话很常见。

突然被问到这个问题时，妈妈也不知如何回答才好。但是，孩子也只是直率地向妈妈提出了自己的疑惑。如果

父母给出敷衍、害羞或回避的反应，孩子就会敏感地意识到自己不该和妈妈说这个问题，之后可能不再与父母谈论相关的事情了。

到了小学或初中阶段，孩子可能会通过浏览网站和杂志来获取一些有关性的商业化信息，这些信息可能是偏颇甚至不正确的。

这是非常令人惋惜的。请家长不要错过孩子抱有疑问的时机，应该以充满爱的方式告诉他们答案。请看一组正确做法的漫画（第 216 页）。

▶ 最初的性教育的三个要点

"小宝宝是从哪里生出来的？""这个嘛，是从生命通道中生出来的哟。"这样的回答怎么样？

有些性教育专家主张一定要告诉孩子相关的正式名称，但我认为重要的是，首先要用孩子能够理解的语言认真地回答他们的问题。

与孩子交流时应该注意以下三个要点：

- 跟孩子说明他们是从哪里来的、他们是如何生出来的；
- 与孩子建立信赖关系，让他们知道如果有问题，只要问爸爸妈妈，爸爸妈妈都会告诉他们真相，绝不会敷衍了事；
- 把握孩子想知道问题答案的时机，看着他们的眼睛与他们交流。

绝对不要对孩子说"以后告诉你"，一定不要错过他们主动询问的时机。你可以跟孩子讲一讲他出生时的故事，来到这个家里时的情景。

孩子很想知道他是如何被迎接到这个世界上的。下面的说法可供选择。

"谢谢你能来到爸爸妈妈身边，当时你怎么都不出来呢。看到你的第一眼，妈妈感觉好幸福。爸爸单手拿着相机，也感动得哭了。"

"是爸爸最先抱的你。虽然他笨手笨脚的，但那一瞬间我能感觉到他的表情马上不一样了，突然有了爸爸的样子。我太开心了。"

你还可以进一步跟孩子交流："你将来也会长大，你的身体会开始为迎接宝宝做准备。所以你要爱惜自己的身体，千万不要让别人随意触摸或看到。"

"腹部以下的部位、胸部和嘴巴，都是隐私部位，是你最宝贵的地方，所以要好好保护它们。自己触摸这些部位的时候，也要先把手洗干净哟。"

像这样，根据孩子的年龄与他们交流，孩子就会认真倾听、用心理解，并增强他们的信心。

家长要爱自己，爱护并接纳生活中的伴侣，共同迎接并抚养孩子。换言之，性教育就是生命的教育。

首先，家长要用语言告诉孩子，他们生来就是被爱和被需要的。当孩子认识到自己被无条件地爱着和接受时，他们的自我肯定感也会提升。

如果妈妈是通过剖宫产手术生下了孩子，父母可以边给孩子看妈妈的肚子边向孩子讲述妈妈的经历。不过，这个时候也要讲讲生命通道的故事，如此一来，后续的性教育就能自然地串联起来。

▶错过了时机也没关系

当然，有的孩子不会问这些问题，有的家长可能错过了孩子提问的时机。

在这种情况下，家长不用专门抽时间跟孩子聊——"来，现在我给你讲讲吧"，而是要重视孩子想知道的时机，例如看到电视节目中生孩子的画面时，或听说谁家有小宝宝出生时，可以自然地引入话题。

我最推荐的时机，就是孩子生日那天。

"×× 年前的这个时候，阵痛开始了！爸爸慌了神。""这个时候啊，妈妈赶紧被推进了产房。"像这样，当父母按照时间顺序并带着紧迫感讲述当时的情况时，孩子的眼睛会发光。当讲到他（她）出生那一刻时，如果父母唱出生日歌，气氛会更加热烈。家长们可以试一试。

要点 不要担心性教育还早，以自然的方式说出真相。

NG | 你还不用知道这些。

OK | （在孩子问起的时候）这个嘛，是从生命通道中生出来的哟。

当孩子出现"返婴行为"时该如何沟通

这时应该怎么办？

▶"返婴行为"其实非常重要

当孩子突然撒娇，或表示不会做明明已经可以自己做到的事情时，父母往往会困惑这是怎么回事。此时，孩子可能出现了"返婴行为"。

一般认为，当二胎出生时，长子或长女（大宝）很容易出现这种行为。即使是独生子女，当周围环境发生变化时，也可能发生这种情况。

宝宝在 2 至 3 岁期间开始形成自我意识，这个阶段最容易出现"返婴行为"，有的孩子甚至可能在小学或初中阶段出现这种行为。

首先，请看一组针对此行为做法不当的漫画（第 222 页）。

当已经学会自己的事情自己做的姐姐突然跟父母撒娇，说不会时，父母总会禁不住反问："你不是会吗?"原本照顾第二个孩子已经够手忙脚乱的了，还得顾及大宝的情绪，这实在令家长烦躁不安。

首先，我们来看一下什么是"返婴行为"。"返婴行为"其实是孩子对自我存在价值的确认，即他们在确认即便自己像婴儿一样什么都不会做，也会被爱、被重视。

▶ "返婴行为"是孩子成长的表现

一方面，家长在孩子成长过程中不断地表扬孩子，比如"你会做××了，妈妈好开心!""你成为××了，真棒!"这些表扬会使孩子对自己的能力逐渐产生自信。

另一方面，孩子也会提出这样的问题："是因为我学会了什么才得到表扬吗?""如果我什么都不会，会怎么样呢?""即便我什么都不会做，我还是我，也好想被爱啊。"孩子会思考类似的问题，并不断强化这种想法。

总之，孩子希望家长能够认可真实的自己，"返婴行为"便是他们确认这种想法的外在表现。如果孩子的要求得到满足，将有助于培养他们的自我肯定感。

因此，从培养孩子自我肯定感的意义上来说，接受他们的"返婴行为"是非常重要的。请看一组正确做法的漫画（第 225 页）。

▶ 三招应对"返婴行为"

"返婴行为"有下列具体表现。不管孩子多大，家长只需把这些行为当作他们表达某种需求的行为来认真对待即可。

- 很黏人；
- 要求父母为自己做他们对弟弟妹妹做过的事；
- 明明自己会做的事却让大人帮着做；
- 更加任性、有主意；
- 欺负弟弟妹妹；

- 变得叛逆、使用暴力；

- 夜里哭泣或尿床。

针对这些行为，家长很想知道有什么好的应对方法吧？应对孩子的"返婴行为"，有以下三个要点。

① 不发火，认真面对

家长不要训斥孩子，说"你是姐姐了，自己能做了"，而要认真地说"好呀，我非常喜欢这样的你"，来表示理解孩子的想法。

② 尽可能回应孩子的撒娇行为

原本自己会做的事情孩子却要父母帮忙，这说明孩子心里可能有一些想法，家长要尽可能地给予回应。关注和应对孩子情绪方面的需求非常重要，做到什么程度都没有坏处。但如果孩子想要独立完成事情，父母却代劳，那么这是一种过度保护的溺爱，应注意避免。

③ 创造与孩子独处的机会

对于长子或长女来说，最大的心理矛盾就是原本爸爸妈妈只属于自己，现在却不得不跟弟弟妹妹"分享"了。此时，家长可以创造与他们独处的机会，哪怕每天只有 30 分钟。

- 两人可以一起洗澡；
- 两人可以一起散步、读绘本等。

家长无须刻意地把这段来之不易的时光过得多么有意义。即便什么话也不说，两人独处的时候也能让孩子的情绪变得稳定。家长也可以通过身体接触与孩子度过一段轻松的时光。

▶ 孩子没有出现过"返婴行为"正常吗

有的父母懊悔说："当时孩子出现'返婴行为'时我应该多宠宠他的……"而有的父母担心："我家孩子没有出现过'返婴行为'，这正常吗?"

从现在开始关注这个问题也为时不晚。随着孩子年龄的增长，他们可能会出现形式上不同于撒娇或叛逆的"返婴行为"。届时，家长可以判断"这或许也是'返婴行为'"，并尝试创造与孩子独处的机会。

"返婴行为"并不是一种倒退，而是孩子成长过程中的一个阶段或自然现象，家长只要了解这一点就好了。

孩子的妈妈也不必独自一人承担这种行为带来的压力，可以向周围的人寻求帮助以顺利度过这段时期。

要点

无须担心"返婴行为"，这表明孩子正在成长。

NG｜你是姐姐了，自己能做了！

OK｜姐姐也一起来吧！

觉得大宝不讨喜的父母是不是不称职的父母

怎么办？这时应该

▶ 竟有"大宝不可爱综合征"的说法

当你辛辛苦苦照顾小宝时，大宝要么跟你对着干，要么欺负小宝。出现这种情况时，你是否会有那么一瞬间觉得大宝很烦人？

事实上，这种现象很常见。很多父母都因此感到苦恼，甚至有了"大宝不可爱综合征"这样的说法。我们先来看一组不当做法的漫画（第 231 页）。

前文提到，大宝出现"返婴行为"时，父母会感到焦躁不安。家长有时会觉得没什么大事儿，毕竟他们是老大，所以无意中就会要求他们忍耐一下。

在养育二孩的家庭中，通常的原则应该是"优先考虑

大宝"。这个原则说明了社会对于那些没有真正优先考虑大宝的爸爸妈妈持批评态度。

家长们经常有这样的感受："我不得不优先考虑大宝，但小宝也需要照顾""优先考虑了大宝，又觉得小宝好可怜，结果还是感到烦躁"。越是尽心尽力育儿的父母，越会有这种失落的感觉。此外，这个问题之所以会令人苦恼，还因为很难向他人吐槽自己"觉得大宝不可爱"的感觉。

实际上，大多数的父母都在面临同样的问题。小宝宝生来就娇小可爱，让人产生守护他们的想法。因此，照顾较小的孩子是人类的本能反应。而大宝作为抑制这种本能的角色，自然就显得不那么讨人喜欢了。父母如果能够这样想，就不会过于自责了。

▶ 优先考虑大宝的育儿方式

重要的是，我们该如何实施"优先考虑大宝"的原则。例如，假如遇到漫画中的情况，可能很多爸爸妈妈会说，"让弟弟走路，抱起姐姐"，因为他们认为这是"优先考虑大宝"的正确做法。但这样做是有问题的。

请看一组正确做法的漫画（第 234 页）。

照顾小宝需要一定的体力，但与大宝的沟通可以用语言来实现。所以，家长要用语言和表情告诉大宝，爸爸妈妈很重视他们的情绪。这才是"优先考虑大宝"的真正含义，而绝不是对小宝置之不理。当小宝哭的时候，父母当然也要抱起来进行安抚。此时，家长也不要忽视大宝，可以通过沟通关注他们的感受。比如，"你小时候哭了，妈妈也是这样抱着你的。现在你长这么大了，可以帮妈妈一起哄弟弟了。"这样一来，大宝就会感觉到自己也被重视，进而逐渐理解"要忍一会儿""应该让给弟弟（妹妹）""这是姐姐（哥哥）应该做的""应独自玩耍""被父母信赖令人开心"等概念，从而获得进一步成长。

如此一来，曾经让家长感到烦闷的大宝会变得越来越可靠，家长也会尽快告别那段觉得大宝不可爱的时期。

▶ 觉得大宝不讨喜，五步来解决

① 首先要明白这是众多妈妈曾经经历的感受。

② 用语言与大宝分享他的成长过程（通过看小时候的照片或录像，让其感受自己的成长，这样做的效果更明显）。

③ 减轻家务负担和压力，留出时间陪大宝。

④ 找时间抱一抱大宝（洗澡时或睡前都可以）。

⑤ 给爸爸妈妈留出独处的时间，有时从育儿中抽身也很重要（夫妻可以轮流带娃或使用临时托育服务来让自己有独处时间）。

请家长们一定按上述方法尝试一下。

要点 不责备大宝，也不自责，在沟通中认可大宝的努力。

NG | 你是姐姐了，忍一下！

OK | 你很努力呢！我可以抱抱你吗？

别的孩子能做到，为什么我的孩子不能

怎么办？这时应该

▶拿孩子作比较真的不好吗

明知道这样做不好，家长还是不经意间拿自己的孩子与别的孩子作比较，并批评孩子或者感到焦虑。但是，作比较真的不好吗？请先看一组不当做法的漫画（第 238 页）。

我非常理解漫画中的妈妈想让孩子早点掌握平假名的心情。"别的孩子都已经不穿尿不湿了，怎么我家孩子还在穿？""别的孩子已经会翻单杠（单杠后翻）了，怎么我家孩子不行？""别的孩子能安静地坐住，怎么我家孩子不行？"

孩子从出生开始，就是在比较中长大的。

孩子最喜欢爸爸妈妈，不想看到他们失落的表情，因

此他们试图努力实现父母的期望。但是，如果孩子因为没有做到某事而被责骂，并就此失去信心的话，结果会事与愿违。

实际上，作比较本身并非一无是处。例如，在赛跑等比赛的排名中冷静地看待自己的能力，是孩子成长过程中必要的一环。

▶ 比较也有益处

那么，不妥之处究竟在哪里呢？请看一组正确做法的漫画（第 240 页）。

"我家孩子还不会写平假名，可同龄的孩子已经有会的了"，这是家长通过比较了解到的事实。也就是说，家长通过比较了解到了自己孩子的短处。

比较本身并没有什么不可取，问题在于随后采取的措施。对比之后，一旦发现孩子的短处，家长就会揪住不放，以此来否定他们。这才是要关注的严重问题。

"为什么你做不到呢？"孩子被这样逼问，将阻碍他们

提升自我肯定感。小友会写平假名，肯定也不是一下子就掌握了，而是在一遍又一遍的愉快的书写过程中逐渐记住的；而小聪也是经过反复的练习才做好手工（机器人）的。

孩子的成长历程是多样化的，不能一概而论。有的孩子喜欢写字，有的喜欢做手工，还有的喜欢读书、跑来跑去，等等。可以说有多少个孩子就会有多少种喜好。如果只从父母的角度看问题，很可能会忽视自己孩子的优点，而过分地关注他们的不足。

▶ 正确比较的三个关键

① 发现孩子的喜好和特长

对于坚持想让孩子学习平假名的家长来说，孩子做手工就是在做没用的东西，但如果家长换个角度看问题就会发现，"想法很有趣、动手能力很强"其实是孩子的独特之处。

② 将弥补不足作为孩子一年后的目标

当孩子的独特之处（手工技能）得到认可时，自我肯定感就会提升，他们也会更加自信，之后对其他事物（平假名）也会产生兴趣。不要给孩子灌输他们在某事上不擅长的意识，这将有助于他们的成长。家长可以做好思想准备——孩子只要在一年后学会就可以了。

③ 与孩子的过去相比较

如果非要进行比较，那么不要跟其他孩子比，而是跟孩子的过去比。与其在和其他孩子的输赢对比中产生嫉妒心理，不如教孩子树立不断与自己竞争的观念。

如此一来，即便将来孩子踏入竞争激烈的社会，也能成为努力超越自我的人。

要点

不要与他人比较来否定孩子，而要与孩子的过去比较，认可他们的成长和进步。

NG | 小 A 能做到，为什么你就做不到？

OK | （发现孩子的特长）你的动手能力越来越强了！

这时应该怎么办？

对赏识教育心存困惑的家长需要做出改变吗

▶ 表扬和批评其实都一样

"据说要想培养孩子独立思考的能力，多让他们做选择就好。所以我常常询问孩子的意见，'这两个，哪个更好？'可最近孩子却大发脾气，说'我不知道'。我不想责骂他，但孩子一点儿也不动脑筋，我该怎么做呢？"

给孩子提供选择是正确的方法。但当孩子说不知道的时候，家长确实明白他们不知道的是什么吗？答案很可能是在父母的表扬声中长大的孩子的某种小心思。我们先看一组不当做法的漫画（第 245 页）。

父母通常认为："只要选自己喜欢的就行了，这有什么不知道的？"同时也会想："这是值当发脾气的事儿吗？"那

么，当被问到要穿哪件 T 恤的时候，孩子不知道的到底是什么呢？他们可能不知道的是：<mark>"回答穿哪一件，才能获得妈妈的表扬呢？"</mark>事实上，在从小到大接受鼓励式教育的孩子身上，这种问题很常见。

孩子发脾气，是他们在"父母期望的"和"自己想做的"两个选项之间摇摆不定的表现。家长可以把这种表现看作孩子成长的标志，积极地接受就好。家长可以借此机会，与孩子沟通，一起探索他真正想做的事情是什么。

请看一组正确做法的漫画（第 247 页）。

▶ 表扬是否变成了评价

表扬式话语与认可式话语听起来很相似，却是完全不同的概念。比如表扬孩子"你让给弟弟了，真懂事"，他会很开心，那么出于想得到更多表扬的目的，他会尽力做一个温柔懂事的孩子。但实际上，我们希望培养出能够正视自身感受、形成自己想法的孩子，比如"不想让给他"或者"这个可以让给他"，等等。因此，家长要尽量避免

评价式的表扬方式。

把玩具让给别人是孩子懂事的表现，但是有时候不让给别人也是懂事的一种表现。换句话说，家长没有必要片面地断定孩子懂事与否。

家长只需将观察到的事实用语言表达出来即可，比如"这个你让给他了呢""这个你没有让给他呀"，这样孩子就能感受到自己被关注和认可。也就是说，由于孩子自己的判断得到了认可，他们就拥有了自信。

久而久之，孩子不再考虑如何才能获得父母的表扬，而是逐渐学会正视自身的想法。

▶ 越来越多的家长质疑赏识教育

事实上，最近越来越多的家长开始质疑赏识教育。"如果表扬他，他就很听话，效果不错，但总感觉自己是在操纵孩子。"能够意识到这一点的爸爸妈妈非常了不起。

表扬孩子并没有错，不过家长要经常反思，自己在夸奖孩子的时候，有没有把自己的期望和价值观强加给了孩子。

　　通过表扬促使孩子做某事，以及通过训斥命令他们做某事，这两者只是方法不同而已，初衷并没有差别——都是想让孩子按照父母的意愿做某事。从这个意义上来说，表扬和批评并没有什么本质的区别。

　　从现在开始使用认可式话语与孩子交流吧。等孩子有了独立思考的能力，在面对选择时他们也能给出明确的答案。

要点 孩子在认可中学会正视自己的想法。

NG 你让给弟弟了，真懂事！（只要选喜欢的就可以了，不是吗?）

OK （平时用认可式话语与孩子交流）你让给弟弟了呀。这个你不让给他呀。

入学、升级……让孩子期待新生活的沟通方式是什么

怎么办？这时应该

▶ 令孩子安心和不安的话语

从上幼儿园、上小学，到转园或升级，每年一到开学季，孩子所处的环境就会发生改变。在期待新生活的同时，孩子应该也会感到紧张或不安吧。

在这里，我想和各位家长探讨的是，为了使孩子顺利适应新环境，父母可以做些什么以及需要注意什么。首先，我们看一组不当做法的漫画（第 252 页）。

家长都希望孩子能坚强些，所以一般都会对他们说一些鼓励的话，但这可能会给孩子带来非常大的压力。你可以想象一下，孩子在面对新环境时的紧张状态是怎样的。

有的家长说："我家孩子'神经大条'，他完全没有紧

张感。"但请你仔细想想，所谓的"神经大条"可能只是孩子以自己的方式表现出的不安罢了。

▶ 你有没有跟孩子说过"对不起"

很多妈妈在送孩子去幼儿园时，会跟孩子说"对不起"。那么，孩子对这句话是如何理解的呢？孩子明白"对不起"是某人做了坏事后用来道歉说的话。所以当妈妈向他道歉时，孩子会认为他让妈妈做了什么不好的事情。

当然，妈妈并没有做什么坏事，所以这时并不需要道歉。父母应该用积极的语言与孩子交流，比如，"让我们开启新一天的美好生活吧。"

▶ 为什么有时不能说"遇到什么麻烦了要跟我说"

"如果有什么麻烦，要跟老师说哟。"这句话如果单纯作为建议，没有什么问题。但如果说话对象是一个对新生活充满好奇的孩子，这反而可能让他担心会有什么麻烦的事情发生，从而引发焦虑。

请看一组正确做法的漫画（第 255 页）。

进入新环境之前，家长可以像漫画中一样，尽量用积极的话语与孩子沟通，谈论一些能够让孩子想象出开心画面的事情。如果孩子擅长跳舞，那就可以告诉他："幼儿园里有个好大的游戏室，你可以在里面尽情地跳舞啦。"跟孩子说一些在家里做不了但在幼儿园可以做的事情，孩子就会充满期待。

此外，家长还可以与孩子一起仔细确认一下为他们准备的新物品（毛巾、换洗衣服等），以及写有他们名字的东西，让孩子想象一下自己使用它们的时候的样子。

▶ 不要臆测孩子的不安情绪

如果家长担心孩子，顶多跟他们聊一聊自己心里的不安。比如可以坦率地对孩子说："不知道妈妈在新的工作岗位能不能跟同事相处好，我有点担心。"当孩子回应"妈妈肯定没问题"时，家长可以用"谢谢，你真棒"来给孩

子加油。假如孩子回应"妈妈也担心吗？我也是"，妈妈则可以趁机提议："是吗？那我每天回来都会跟你说一下有没有跟朋友好好相处，你也要告诉我哟。"

在新学年开始之际，家长要打好亲子沟通的基础，让他们能够放心地跟爸爸妈妈说出真心话。

家长不要给孩子施加压力，避免引发他们的焦虑。最好的方式是与孩子成为合作者，共同建立信赖关系。

如果有什么担心的地方，也不要独自一个人面对，可以向幼儿园或学校的老师询问。

要 点

不要从父母的视角评头论足，而要从孩子的角度沟通。

NG 遇到什么麻烦，要马上跟老师说哟。

OK 你要跟小朋友和老师玩什么游戏？

这时应该
怎么办？

担心孩子受欺负，平时该如何沟通

▶出于善意的建议会伤害到孩子

许多家长担忧，如果孩子遭到排挤该怎么办，受了欺负该怎么办？

我们无法预测孩子以后会因为什么受欺负，所以首先要与孩子建立一种相互信赖的亲子关系，让孩子无论遇到什么事情都能够跟父母交流。

为了达到这个目的，家长现在可以做的就是不要先入为主地下结论，也不要给他们讲道理，而是耐心地听他们把话说完。如果家长能坚持贯彻这一点，那么孩子遇到好事时肯定会说，当遇到不好的事情时孩子也会跟父母坦白。那么，父母应该如何与孩子交流呢？我们先来看一组不当做法的漫画（第259页）。

当家长听说自己的孩子被孤立时，都会感到吃惊吧。然后就会建议孩子遇到这种情况时一定要说"可以一起玩吗？"或者问孩子"你怎么不还嘴呢？"。但是，孩子是无法熟练地应对这种情况的，家长为此头疼不已。

更糟糕的是，当孩子鼓起勇气告诉妈妈大家不跟自己玩时，却遭到妈妈的责问："你没有问一问'我可以一起玩吗？'"此时孩子会想："以后再也不跟妈妈说了"，结果适得其反。

此后，如果再发生更严重的问题，孩子只会觉得"跟妈妈开不了口""不想看到妈妈伤心""不想让妈妈觉得我是一个坏孩子"，于是什么都不和父母说，这更会令人不安。

我们来看一组正确做法的漫画（第 261 页）。

漫画中，妈妈只是一边重复小米的话，一边耐心地听小米说。这样的方式让小米感到安心，开始跟妈妈聊起来。

家长不应随意地下结论，片面断定孩子被孤立了或被欺负了，并命令孩子好好说一下是怎么回事，而应该在沟

通中担任帮助孩子理顺自己想法的角色，引导他们自己得出结论。

▶ 促使孩子独立解决问题的六个窍门

① 不要错过孩子发出的信号

孩子发出的信号可能是"闷闷不乐"。除此之外，还可能是"没有食欲""不想去上学""说朋友坏话""衣服很脏"或者"为难父母"等。家长一定要注意孩子发出的这些细微的信号。

② 与孩子平等交流

为了避免让孩子有压迫感，家长可以坐下来，握住孩子的手、搂着孩子的肩膀或者抚摸孩子的后背，借助这些身体接触与孩子平等沟通。

③ 重复孩子的话

不评判好坏，也不下命令，只重复孩子说的话。

④ 深入交流，扩展话题

多问一问孩子，帮助他们找到产生伤心（痛苦）情绪的原因。

⑤ 谈自己的体会

当没有找到具体的话题时，爸爸妈妈可以说一说自己小时候遇到同样的困难时是怎么克服的，给孩子一些启发或启示。

当孩子问该怎么办时，家长可以告诉他们："如果是妈妈（爸爸）的话，我可能会这么做吧。"这会让孩子觉得自己的问题最终需要自己解决。

要点 别直接给孩子建议，通过认可式沟通与孩子建立无所不谈的关系。

NG 必须说清楚是怎么回事!

OK （不要命令）是吗？你想一起玩，是不是？

缓解育儿焦虑的技巧

（这时应该怎么办？）

▶ 大家都在努力育儿

"我的做法跟漫画中的不当做法一模一样，我有很多言行都要反省。""要是早点儿知道就好了，现在感觉已经晚了。我的孩子会成为一个自我肯定感很低的人吗？""接下来，我是不是要更加努力才行？我感到非常焦虑。"许多家长反映他们有诸如此类的烦恼。

看到家长愿意与孩子进行有效沟通，我非常开心。父母的这种想法会很好地传达给孩子的，所以家长不必担心。而且，在育儿方面并不存在"太晚了"的说法，从现在开始也完全来得及。

一方面，无论年龄多大，人们都会觉得自己被认可的话会更有动力。不管到了多大年纪，无论面对的是谁，交流的基础都是相同的。

另一方面，如果父母太"卷"，有时会觉得很痛苦。那么我们应该如何改进呢？我们先通过一组漫画（第267页）来看一个常见的场景。

每天忙忙碌碌，还要认真地认可孩子，这其实是很辛苦的事情。作为父母，越是认真，越容易在做不好的时候陷入自责。

我在我的孩子面前，无论是发火、哭泣，还是大笑、抱怨，都没有关系。

不过如果你意识到并不是自己一个人在教育孩子，会不会感觉轻松一些呢？后面展现了一组正确做法的漫画（第268页）。

▶ 在父母看不到的地方，孩子也在茁壮成长

漫画中，妈妈正在为自己发火的事情自责，而在父母看不到的地方，孩子正在得到认可，其自我肯定感正在进

一步提升。

　　爸爸妈妈既要工作，又要做家务，还得带娃，如果每天都忙得不可开交，有时确实会觉得烦躁不安。家长如果不能很好地认可孩子，也容易陷入自我否定。但请注意，孩子是在与形形色色的人们的相互关联中成长的。

　　即便有时父母发了火，没有给予孩子认可，但不用担心，他们还可以从老师、小伙伴以及小伙伴的父母那里获得认可或表扬。来自他人的认可也可以培养孩子的自我肯定感。

　　这就是大家一起培养孩子成长的意义。

　　你会发现，在暑假期间，孩子见到爷爷奶奶、叔叔阿姨、堂表兄弟后，他们会取得长足的进步，这正是因为他们通过接触各种各样的价值观，获取了更多被认可的机会和看待事物的视角。

　　家长无须一人承担，也无须焦虑不安，孩子比父母想象的要聪明得多，所以不用担心。如果家长能够以这样的心态看待问题，就会感到轻松很多。

▶改变沟通方式，保持育儿自信

本书之所以呈现不当做法的漫画，并不是要告诉家长不能采用漫画中的沟通方式，而是希望通过比较正确做法和不当做法，明确地传达认可的真正含义，这才是我的初衷。

实际上，我收到过很多家长的反馈，他们表示："最初带娃不顺利，我一直觉得是自己的问题，并陷入了自我否定。后来尝试改变了沟通方式，发现带娃其实并没有那么麻烦。这让我意识到当初并不是自己的错，只是使用了不恰当的沟通方式而已。认识到这一点后，我对育儿又有了自信。"

家长朋友们，让我们一起在育儿的道路上不断前进吧！

要点

孩子会在与不同的人的接触中获得认可、不断成长，所以大可不必担心。

NG ｜ 我该怎么办？坚持不下去了……

OK ｜ 大家一起育儿就好了。

答案就在你面前的孩子身上

我的女儿心心20岁了。

我一直深深地感受到，并不是我养育了女儿，而是女儿将我培养成为了一位母亲。同样，我的先生能够成为一名父亲，也是托了女儿的福。

回想起来，我与大家分享的所有关于了解孩子想法的对话，都是女儿教给我的。

本书的编辑、Discover 21 出版社的榎本明日香女士的9 岁宝宝读了书稿后，给予了我极大的肯定："这是一本非常好的书，书里正确做法的漫画中的对话说得都很对。"

对孩子来说，什么样的沟通方式是好的，什么样的沟通方式是不好的？这个问题的答案不应由成人来决定。如果孩子认为这种沟通方式好，那么它就是正确的。

因此，与其说书中介绍的是正确答案，不如说答案其实就在你面前的孩子身上。

我希望了解孩子们，对此，GlobalKids 公司宣传部的庄司胜也先生、中山通子女士以及田村文女士表示认同，并给予我大力支持。他们都是对孩子充满爱的人士。

剌剌用漫画传神地描绘了书中用语言难以表达的想法。同时，她也是两个孩子的妈妈，一直在带娃道路上努力奋斗着。

此外，在 note 连载中，高桥桃子女士将我的充满思绪的句子转化为通俗易懂、饱含深意的温暖文字，这让我的作品得以重生。她是一位语言大师。

他们每个人都鼓励我要相信孩子、充分信任孩子，这让本书得以完成。

语言的存在是为了帮助我们相互理解。如果用它们来让孩子对父母言听计从，那就太可惜了。让我们尽我们所能，用认可式话语来了解孩子的内心。孩子生来就拥有各种能力，父母只需帮助他们认识到这一点就好。

哦，还有，经过 20 年对女儿的认可式教育，我还收获了另一个"奖励"：我的女儿已经成长为一个无论我做什么——哪怕我做饭出错或工作失意——都能接受我的女儿。

如果你坚持认可你的孩子，总有一天你会意识到，无论你是怎样的父母，他们都会成长为一个善解人意的孩子。

如果读完本书后，你对未来充满信心，并充满活力地去享受当下育儿的乐趣，我将感到不胜荣幸。

天野光

2023 年 3 月

版 权 声 明